BELGIUM RESIZED

JASPER LÉONARD

BELGIUM RESIZED

LANNOO

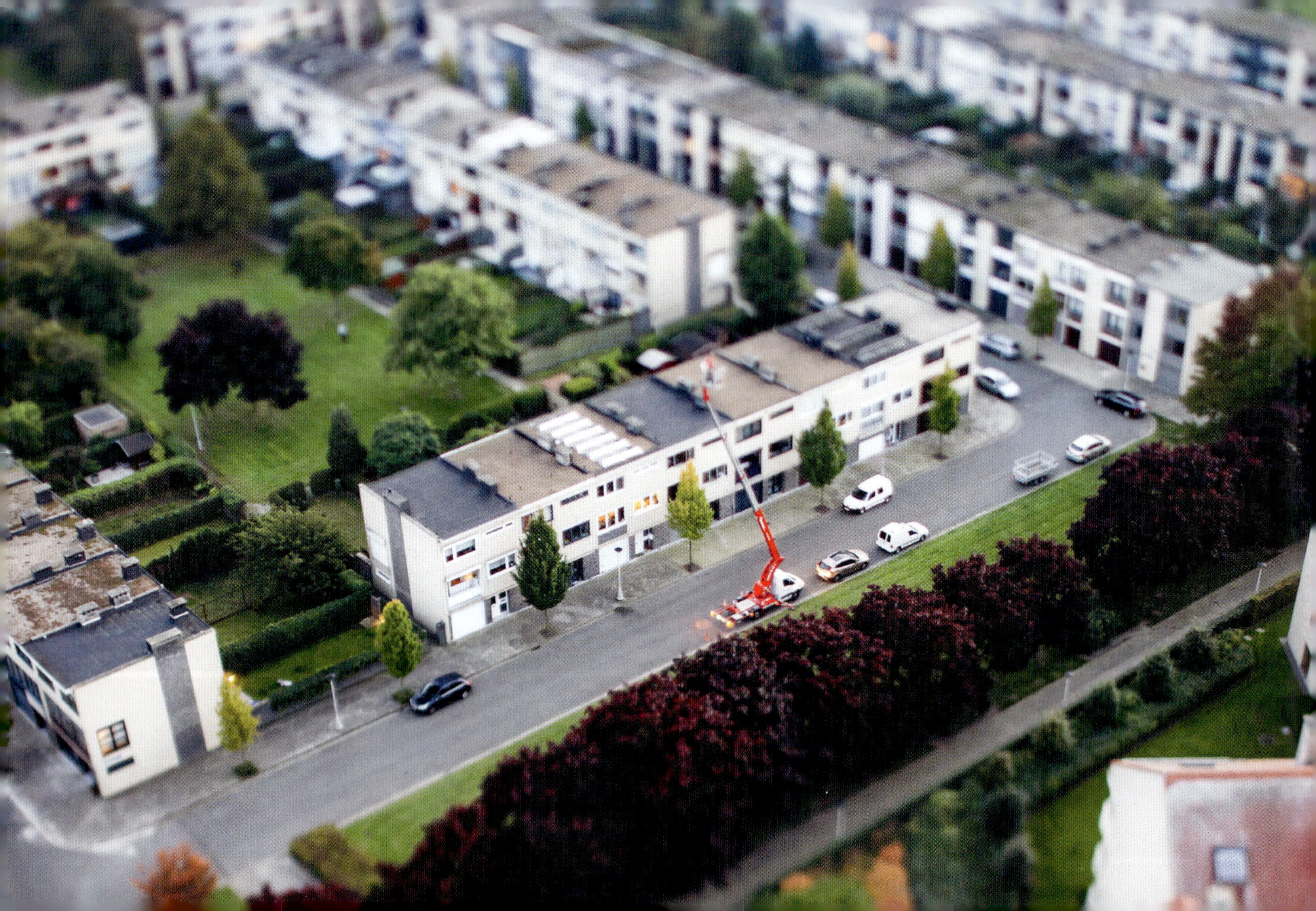

Foreword

UK My passion for photography developed in a very special way: through the pleasure I experienced in tinkering impetuously with camera lenses. This can't be called reinventing photography, but it did shape me into the photographer I am today. My photos today are still indebted to these early days. My 'lenses project' was also the basis for my Master's thesis in Visual Arts at the St. Lucas School of Arts Antwerp in 2010.

One of these lenses was a 45 mm Tilt-Shift lens in which the rubber is folded in such a way on the lens that in certain places the image loses its characteristic sharpness. With the right subject and the right perspective, the miniature effect quickly makes a realistic scene look orchestrated. Tilt-Shift sets the viewer on the wrong track, because you assume that it is a miniature photograph.

In recent years, I have focused my lens on life in Belgium; often from rooftops and cranes, from the top of the cathedrals or from a hot-air balloon—the best places to get a bird's eye view of the country. No single photo was faked*. The country simply ran its course and I documented it.

This book not only shows Belgium through photographs. Seven individuals from all walks of life in Belgium have written something about their own special places. I want to thank Lionel Jadot, Mickael Karkousse, Dave Sinardet, Lize Spit, Rik Torfs, Philippe Van Parijs and Wim Vandekeybus for their phenomenal contribution to this book.

JASPER LÉONARD

← *This is the only photo in the book that was staged, so that you could see from which precarious positions this book emerged. © ALBANLEBAK

VOORWOORD

NL Mijn passie voor beeld ontwikkelde zich op een wel heel bijzondere manier: door het plezier dat ik beleefde aan het onbesuisd prutsen aan cameralenzen. Het zou de fotografie niet heruitvinden, maar het heeft me wel gevormd tot de fotograaf die ik nu ben. Mijn beelden vandaag zijn nog steeds schatplichtig aan die begindagen. Mijn 'lenzenproject' lag ook aan de basis van mijn masterproef in de Beeldende Kunsten aan Sint Lucas Antwerpen in 2010.

Een van die lenzen was een 45 mm Tilt-Shiftlens, waarbij het rubber aan de lens zodanig geplooid wordt dat het beeld op bepaalde plaatsen op karakteristieke wijze aan scherpte verliest. Met het juiste onderwerp en het juiste perspectief ziet een reële scene er door dit miniatuureffect al snel geënsceneerd uit. Tilt-Shift zet je als kijker op het verkeerde spoor, omdat je ervan uitgaat dat het een miniatuurbeeld is.

De voorbije jaren trok ik eropuit en richtte mijn lens op het leven. Vanaf daken en kranen, kathedralen of vanuit een luchtballon – de beste plekken om het land in vogelperspectief in beeld te krijgen. Geen enkel beeld werd in scène gezet.* Het land ging gewoon haar gang en ik legde vast.

In dit boek wordt België niet enkel via beeld vastgelegd. Zeven Belgen uit alle hoeken van het land schreven elk een stukje over hun eigen bijzondere plek. Ik wil Lionel Jadot, Mickael Karkousse, Dave Sinardet, Lize Spit, Rik Torfs, Philippe Van Parijs en Wim Vandekeybus dan ook bedanken voor hun uitzonderlijke bijdrage aan dit boek.

JASPER LÉONARD

P4: *Dit is de enige foto die in scène werd gezet, opdat je zou zien vanuit welke hachelijke posities dit boek tot stand is gekomen. © ALBANLEBAK

Avant-propos

FR Ma passion pour l'image s'est développée d'une manière très particulière, à travers le plaisir éprouvé à « trafiquer » sans vergogne les lentilles photographiques. Cela n'a peut-être pas révolutionné la discipline, mais cela a fait de moi le photographe que je suis aujourd'hui. Mes clichés actuels sont encore redevables à ces premières années. Mon « projet lentilles » a aussi été à la base de mon travail de master Arts plastiques à l'école Sint-Lucas d'Anvers en 2010.

L'une de ces lentilles était une Tilt Shift 45 mm, modèle dont le caoutchouc est plié de telle sorte qu'à certains endroits, la photo perd en netteté d'une façon caractéristique. Avec le bon sujet et la bonne perspective, une scène réelle ne tarde pas, en raison de cet effet miniaturisant, à ressembler à une maquette. Le Tilt-Shift trompe le spectateur, qui pense avoir affaire à une image miniature.

Ces dernières années, j'ai travaillé ce procédé et j'ai dirigé mon objectif vers la vie. Depuis les toits et les grues, les cathédrales ou un ballon dirigeable – les meilleurs endroits pour obtenir une perspective aérienne. Aucune image n'a été mise en scène.* Le pays vaquait simplement à ses occupations, et moi, je le fixais.

Dans ce livre, la Belgique n'est pas seulement fixée par le biais de l'image. Sept Belges de tous les coins du pays ont écrit chacun un texte sur un lieu qui leur est cher. Je souhaite d'ailleurs remercier Lionel Jadot, Mickael Karkousse, Dave Sinardet, Lize Spit, Rik Torfs, Philippe Van Parijs et Wim Vandekeybus pour leur précieuse contribution.

JASPER LÉONARD

P4: *Ceci est l'unique cliché mis en scène, pour vous montrer dans quelles positions périlleuses les photos de ce livre ont été réalisées. © ALBANLEBAK

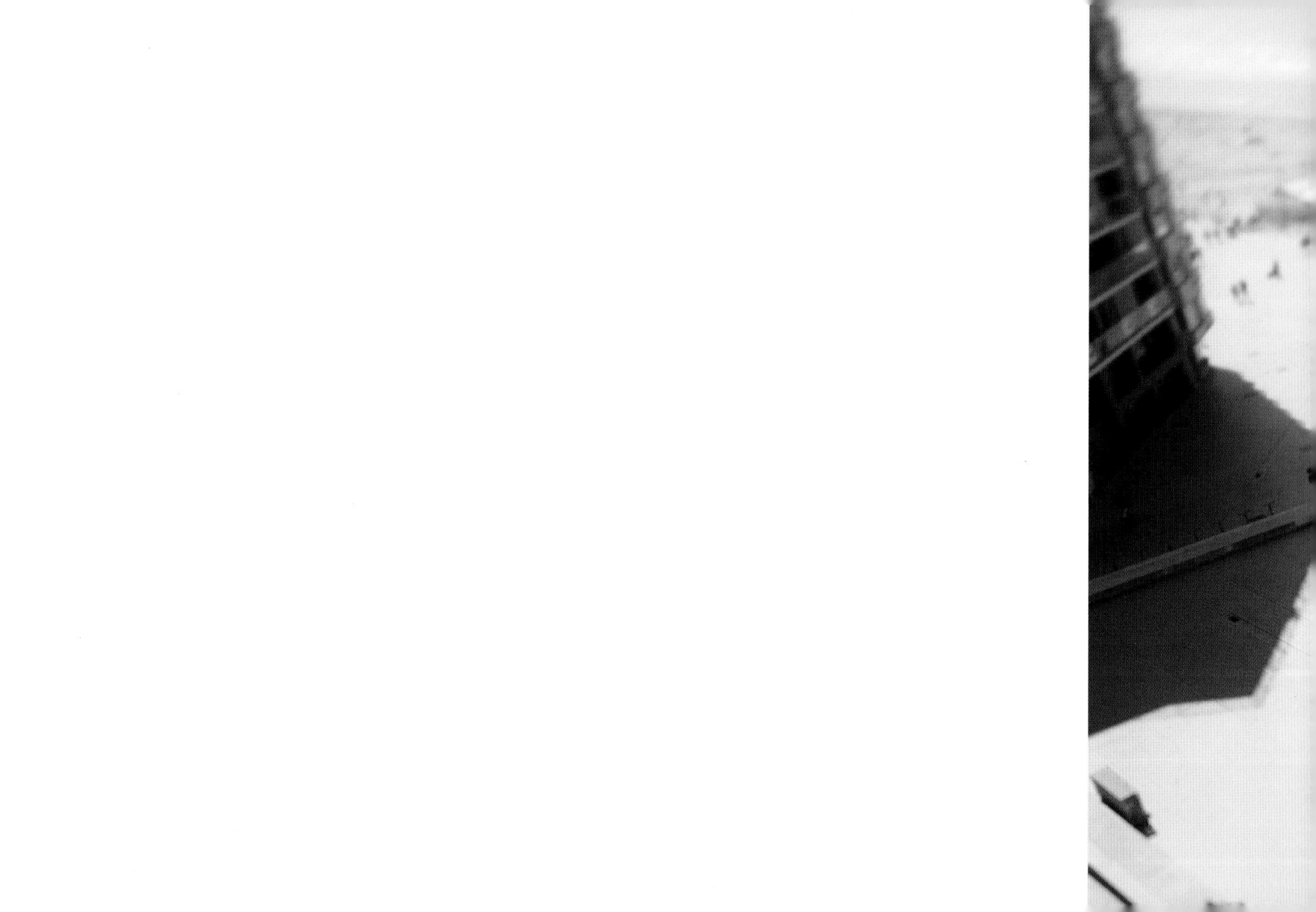

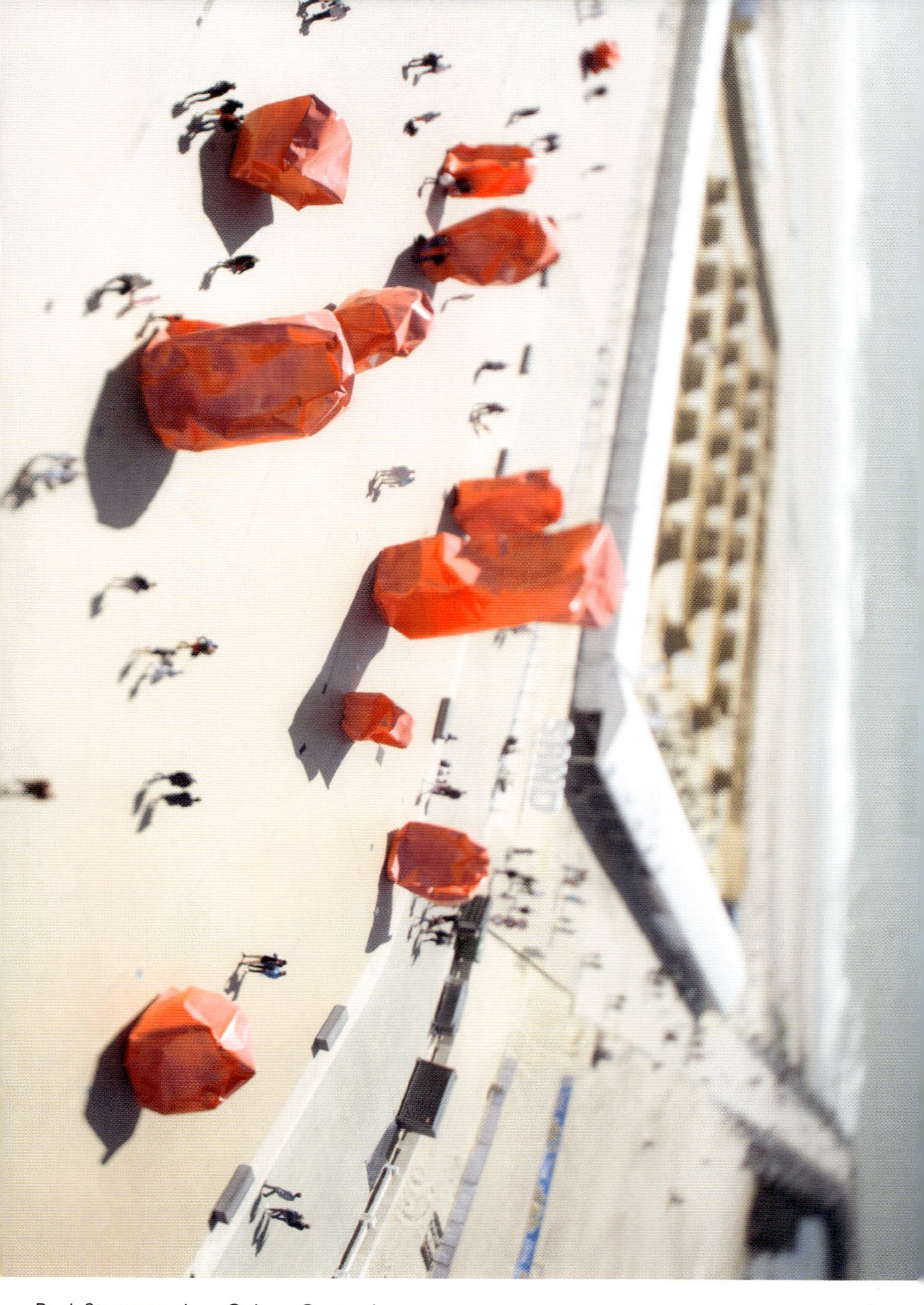

Rock Strangers, Arne Quinze, Oostende

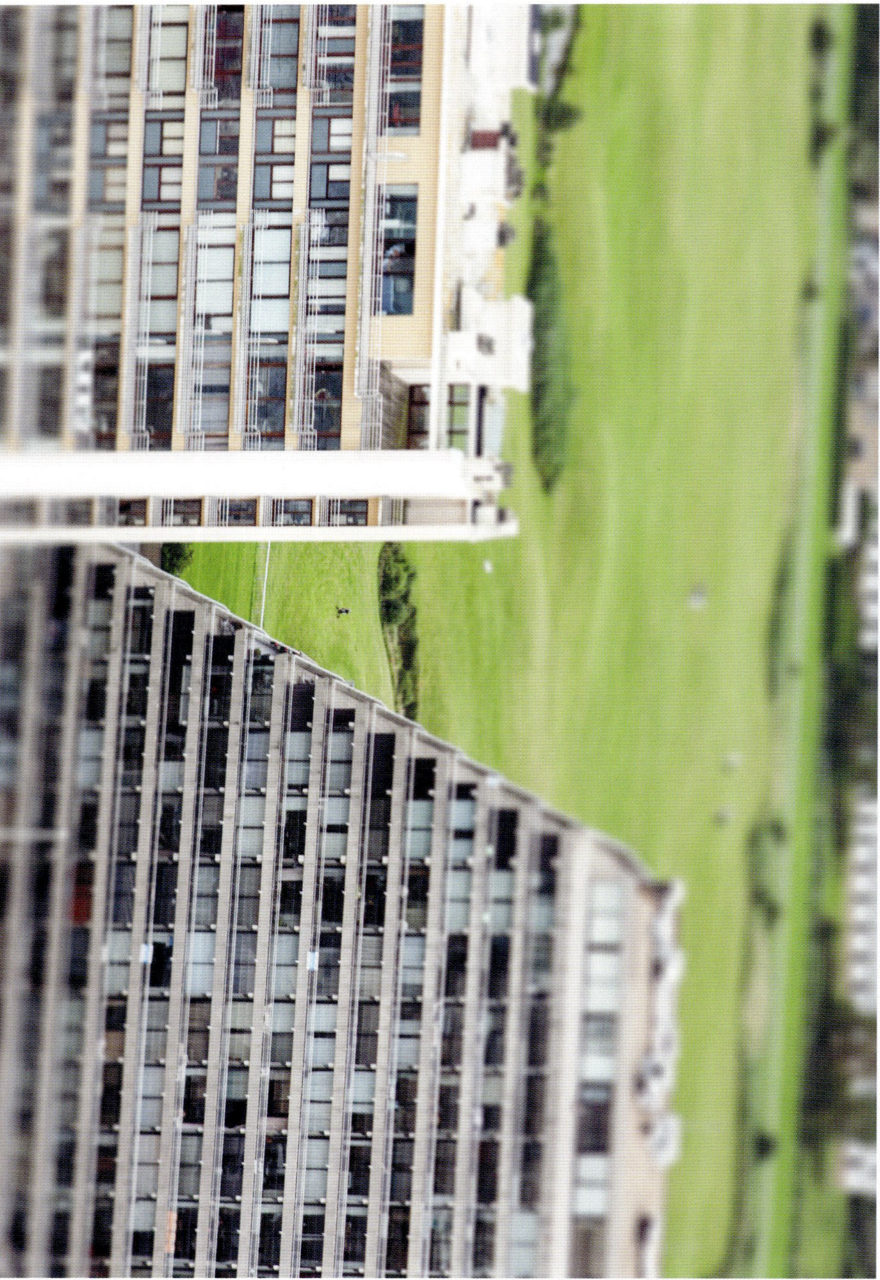

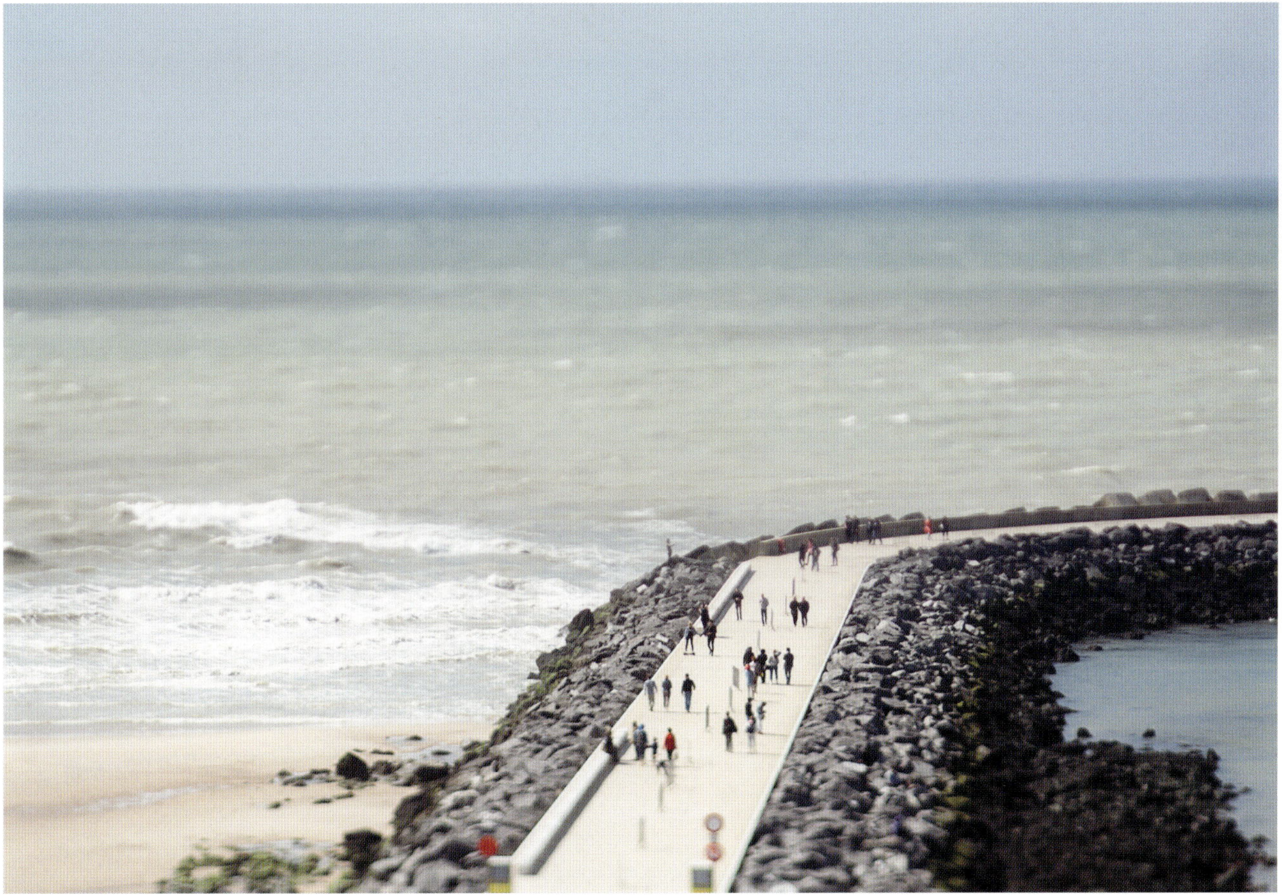

Oostende

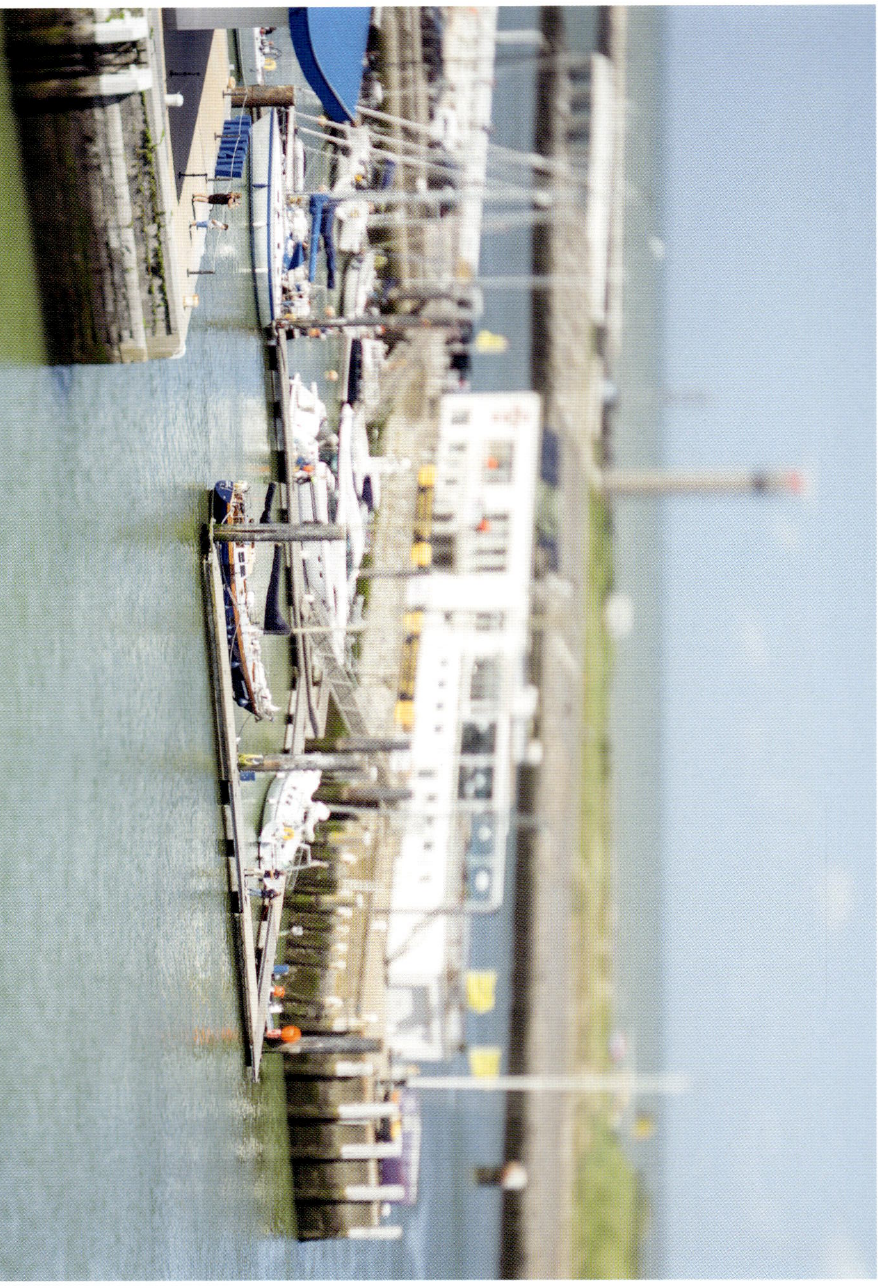

Oostende

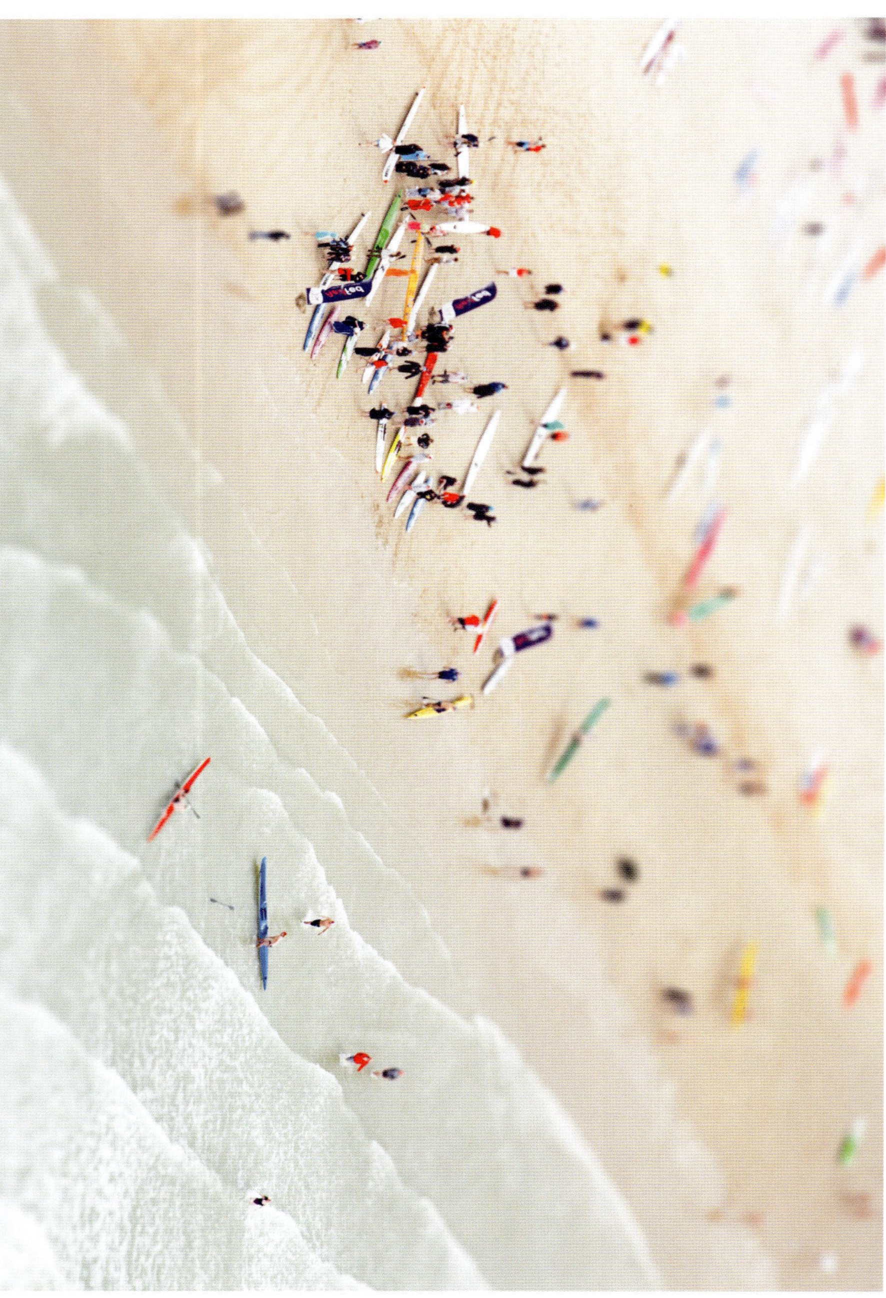

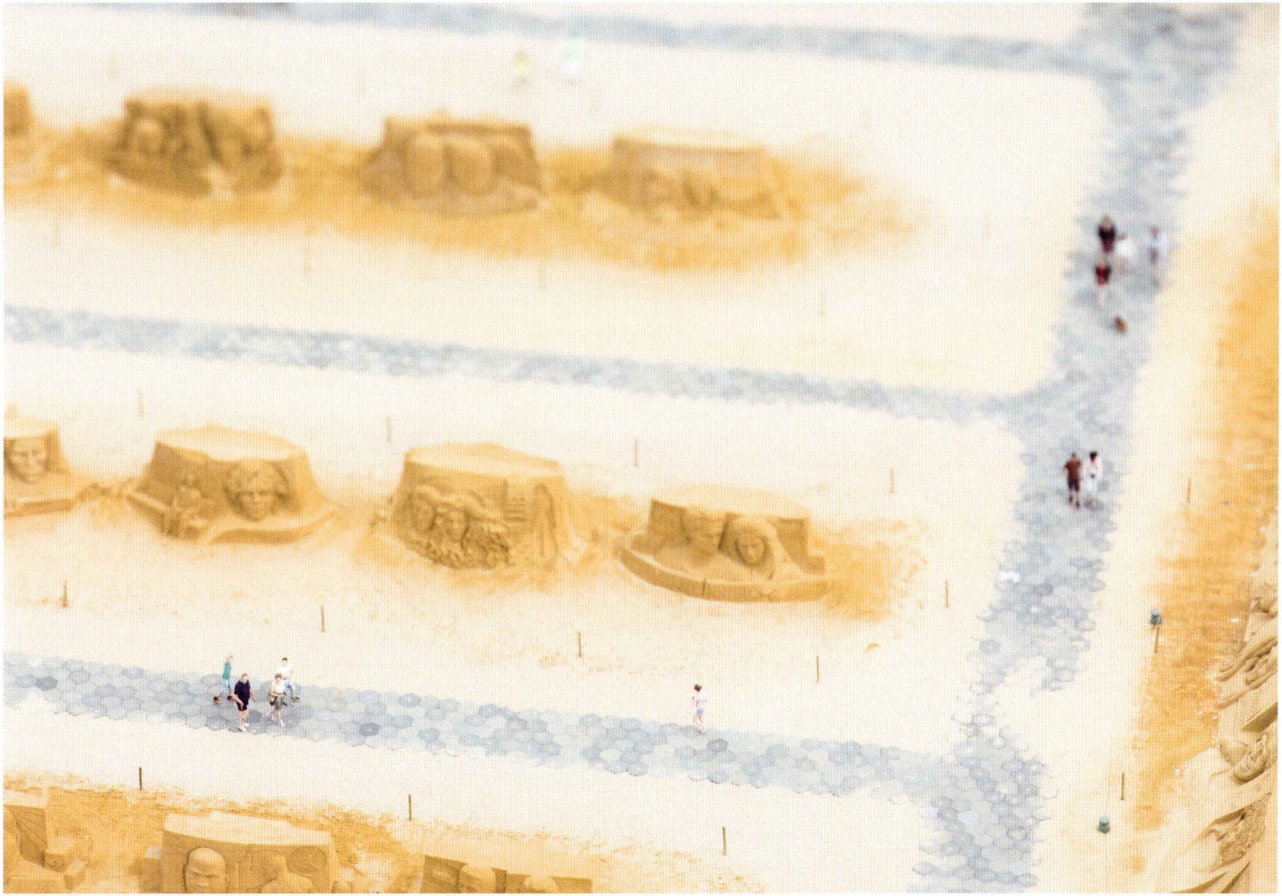

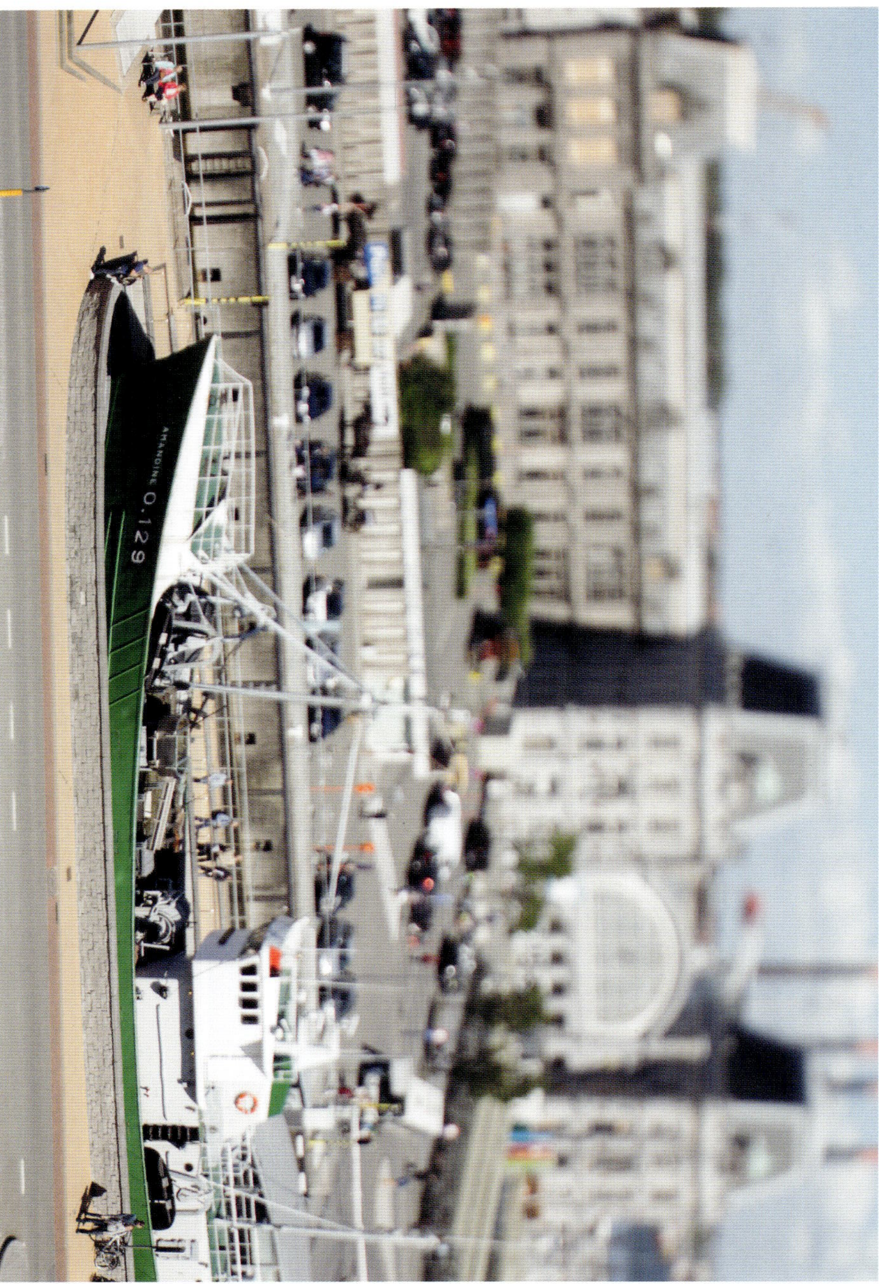
AMANDINE O.129

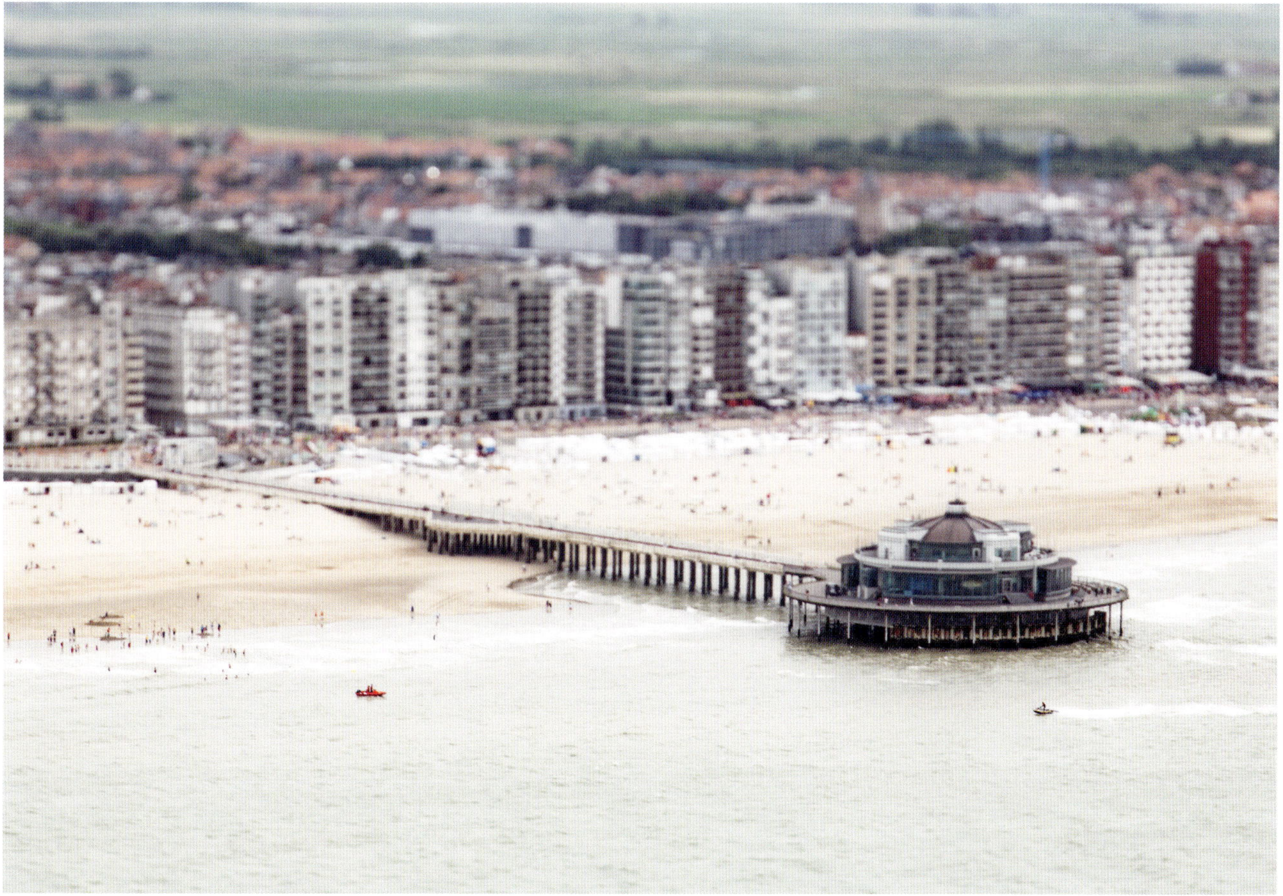

Blankenberge

Avec la mer du Nord pour dernier terrain vague
Et des vagues de dunes pour arrêter les vagues
Et de vagues rochers que les marées dépassent
Et qui ont à jamais le cœur à marée basse
Avec infiniment de brumes à venir
Avec le vent de l'est écoutez-le tenir
Le plat pays qui est le mien

Le Plat Pays, Jacques Brel

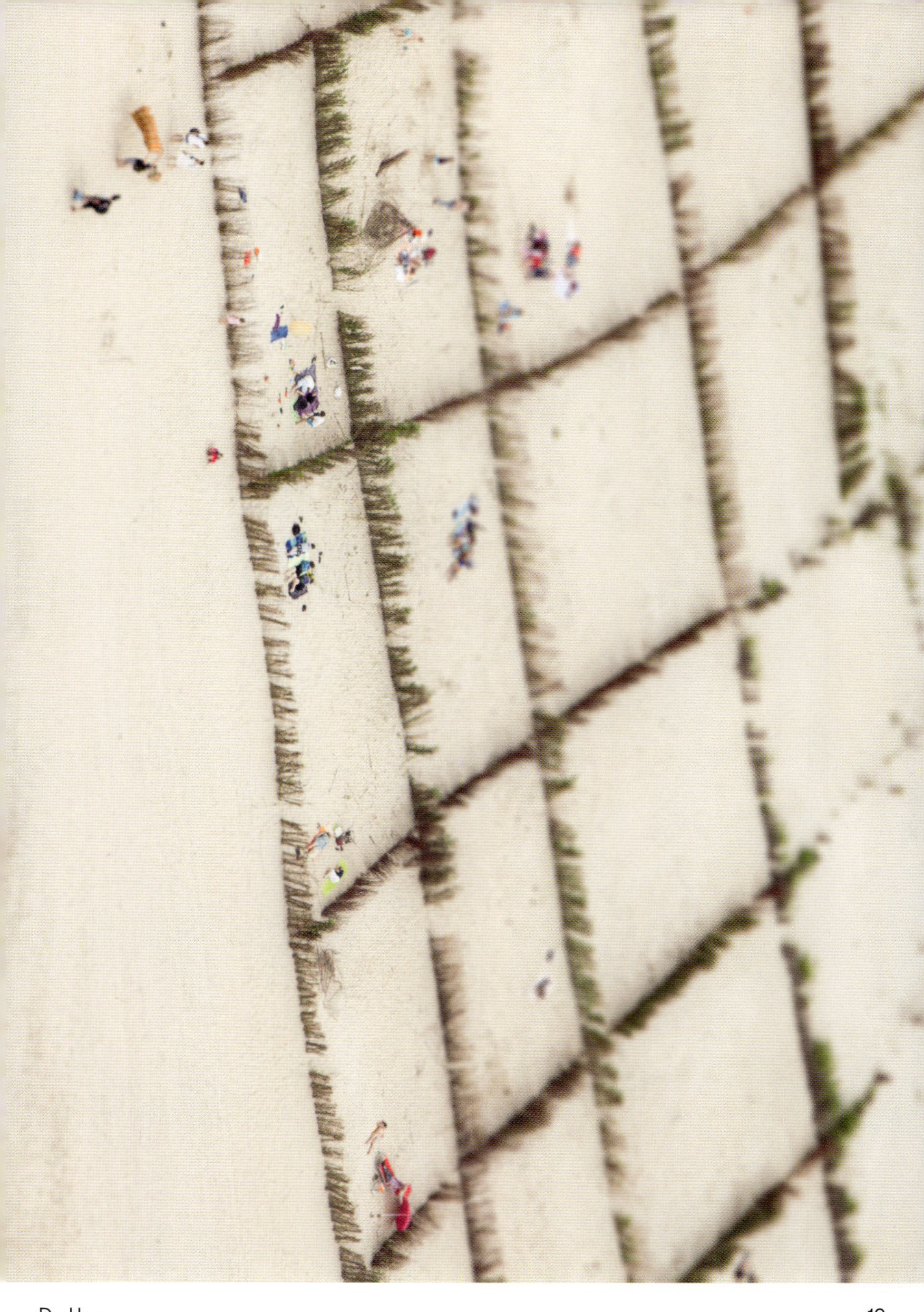

De Haan

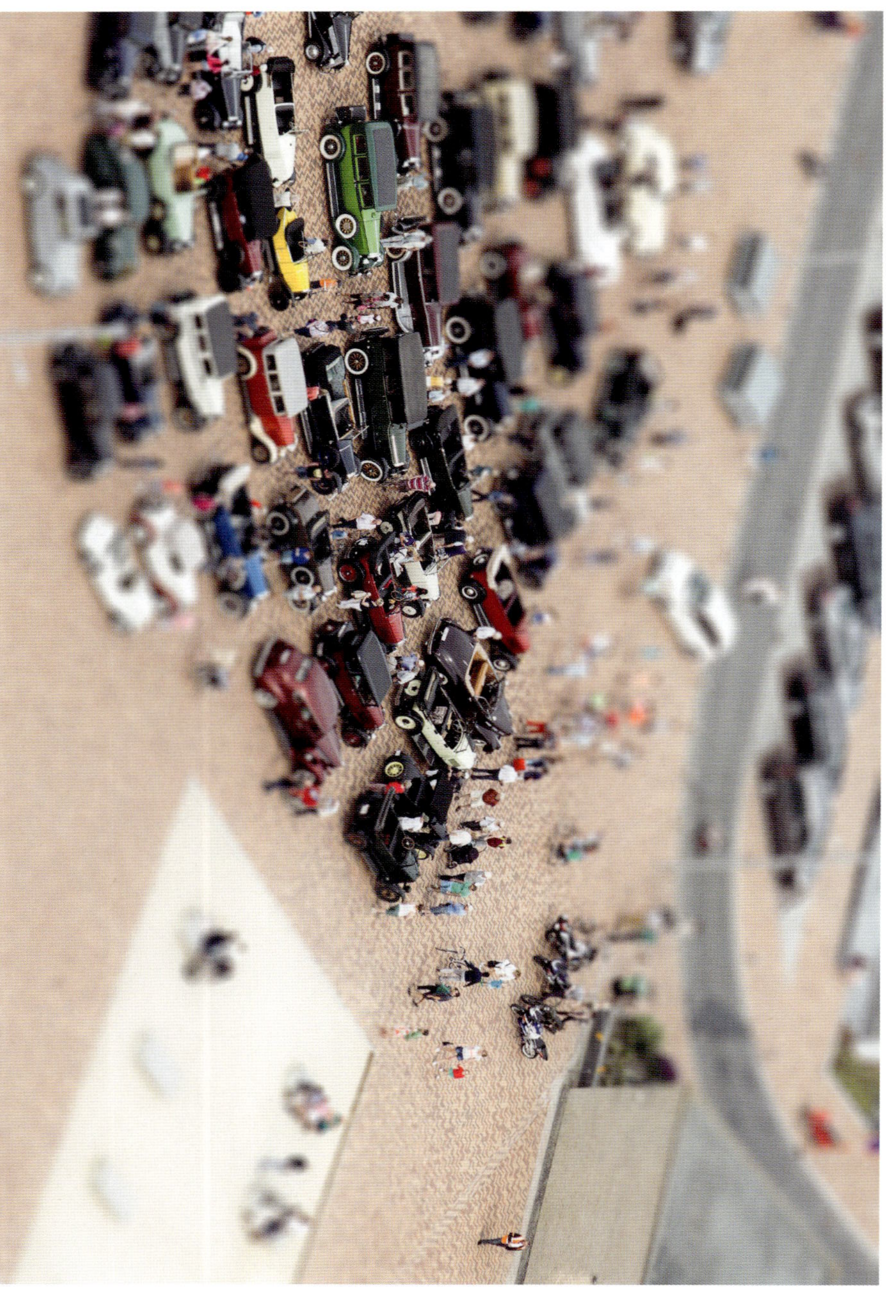

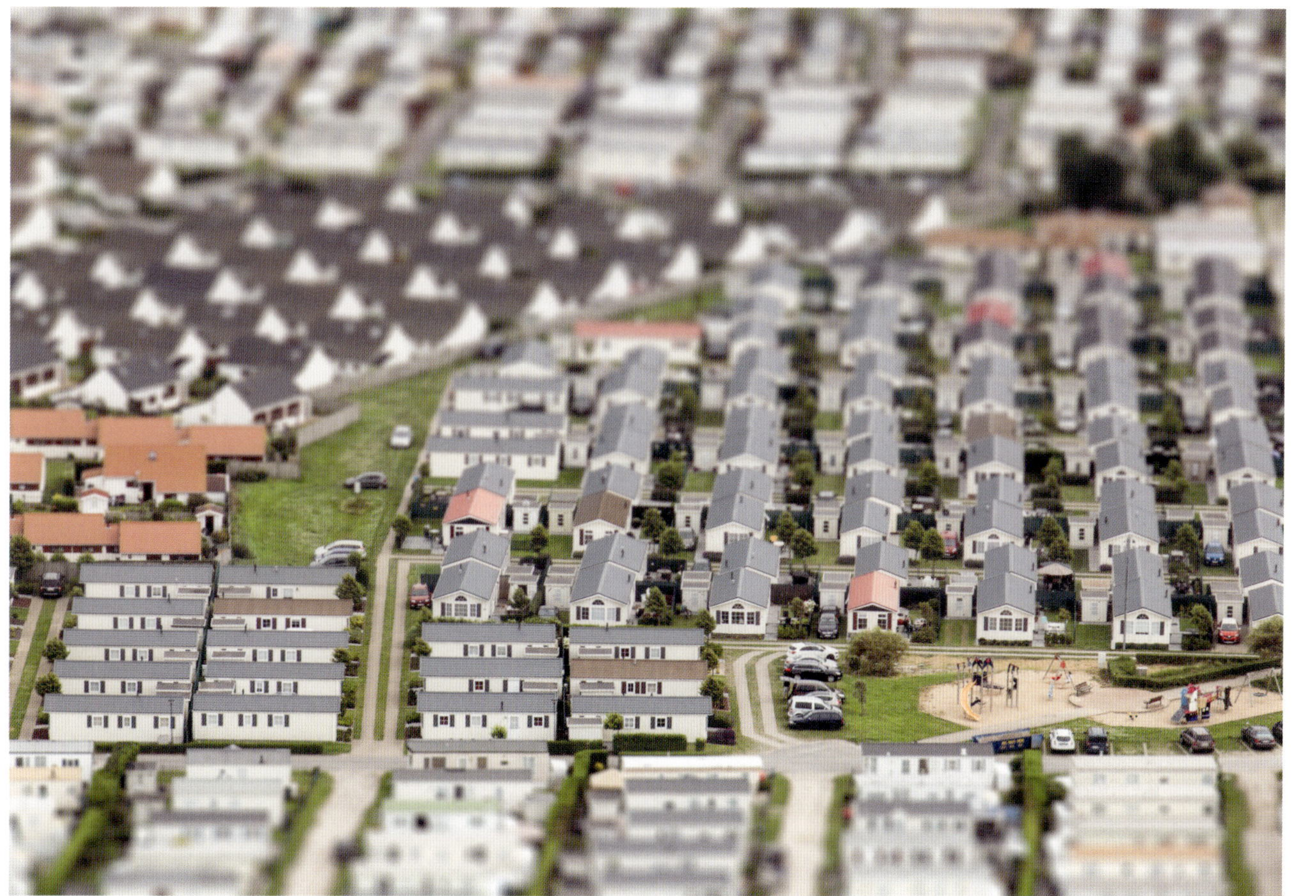

Blankenberge

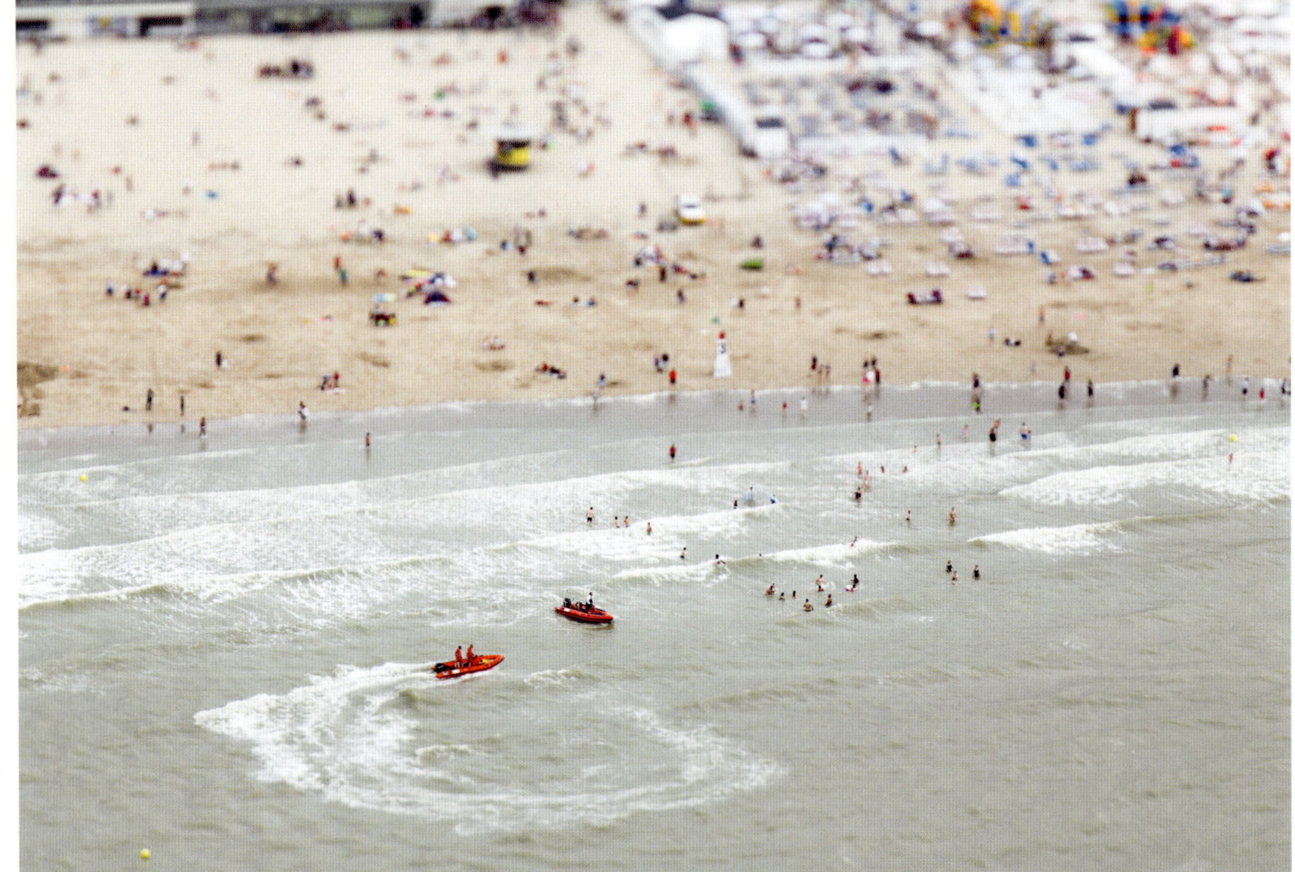

Blankenberge

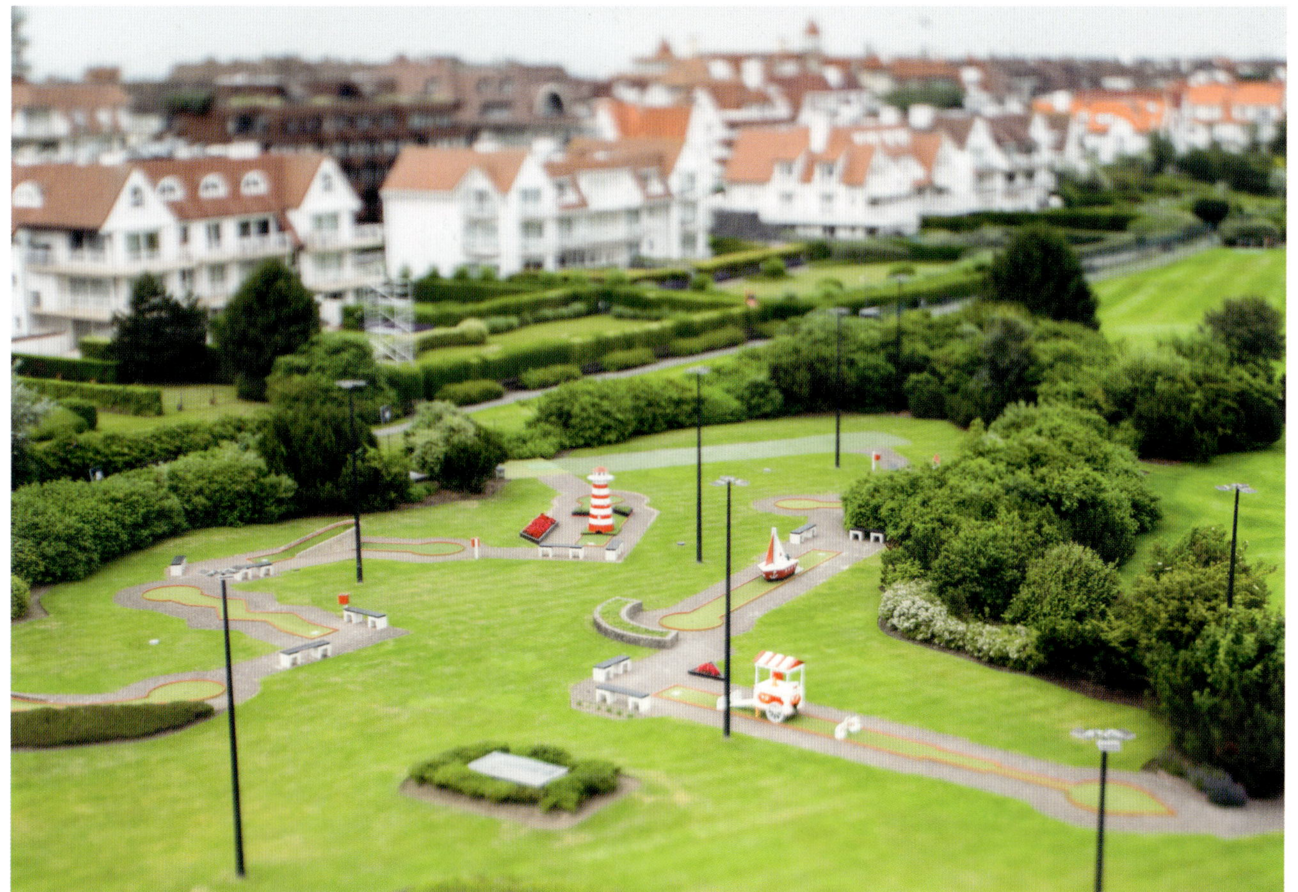

Knokke

Blankenberge

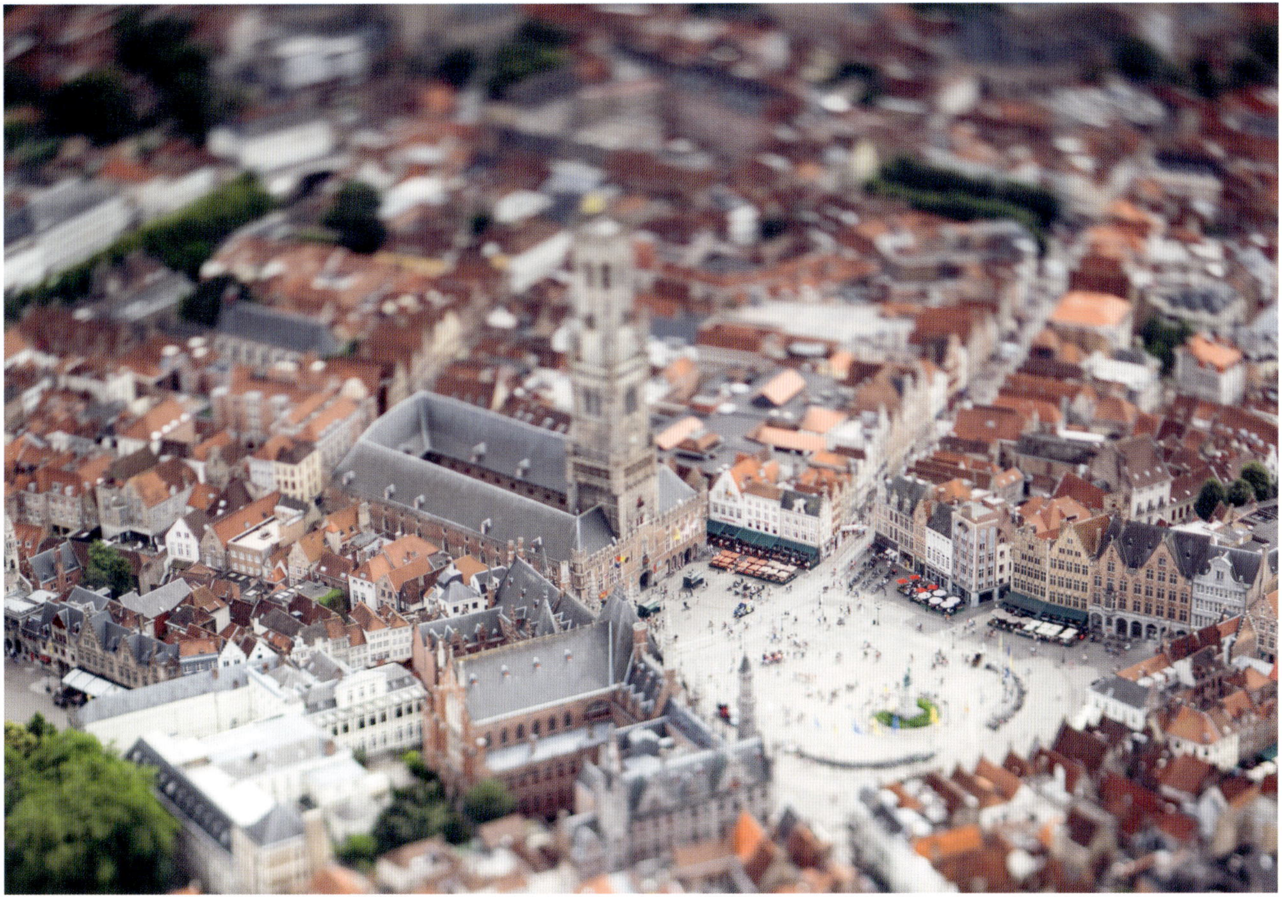

Brugge

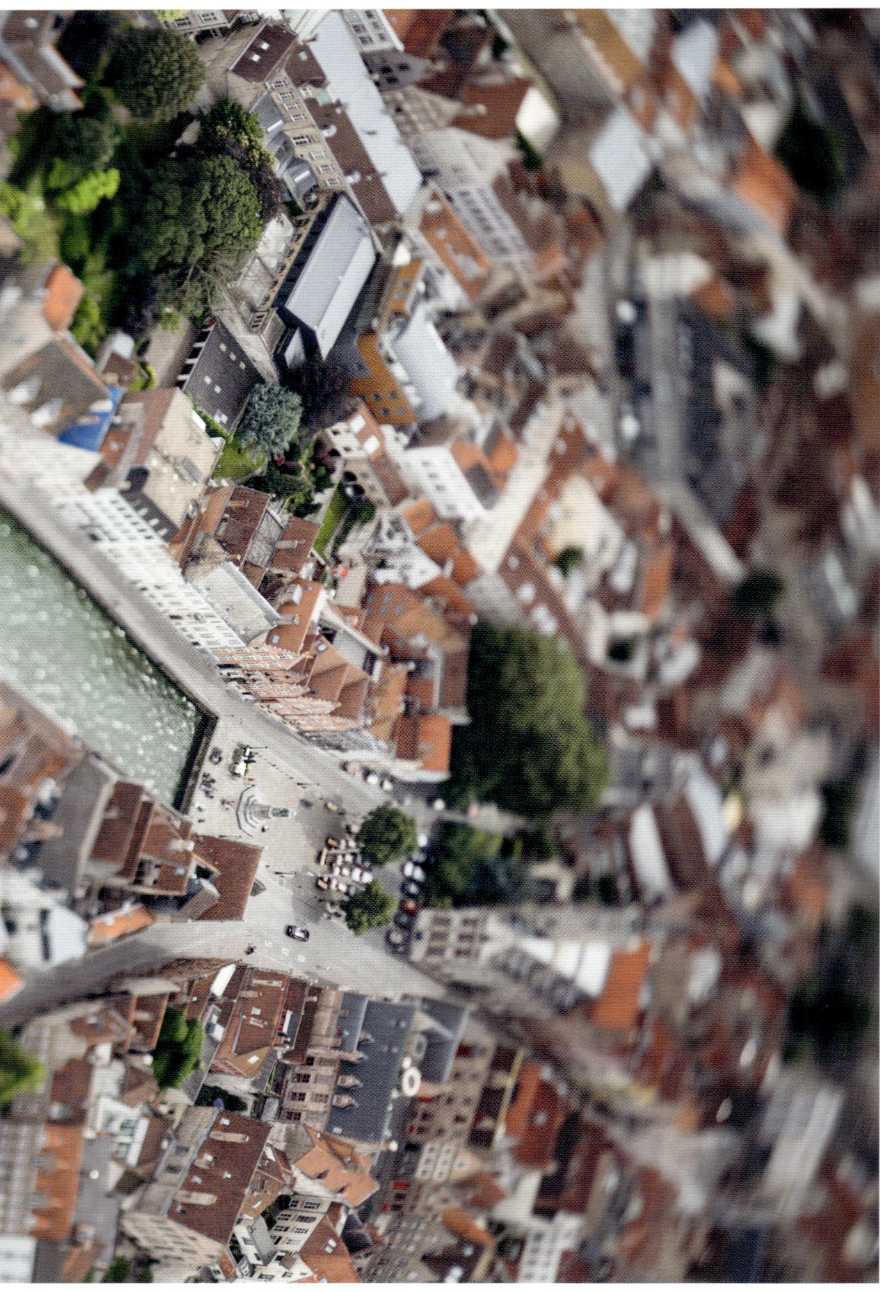

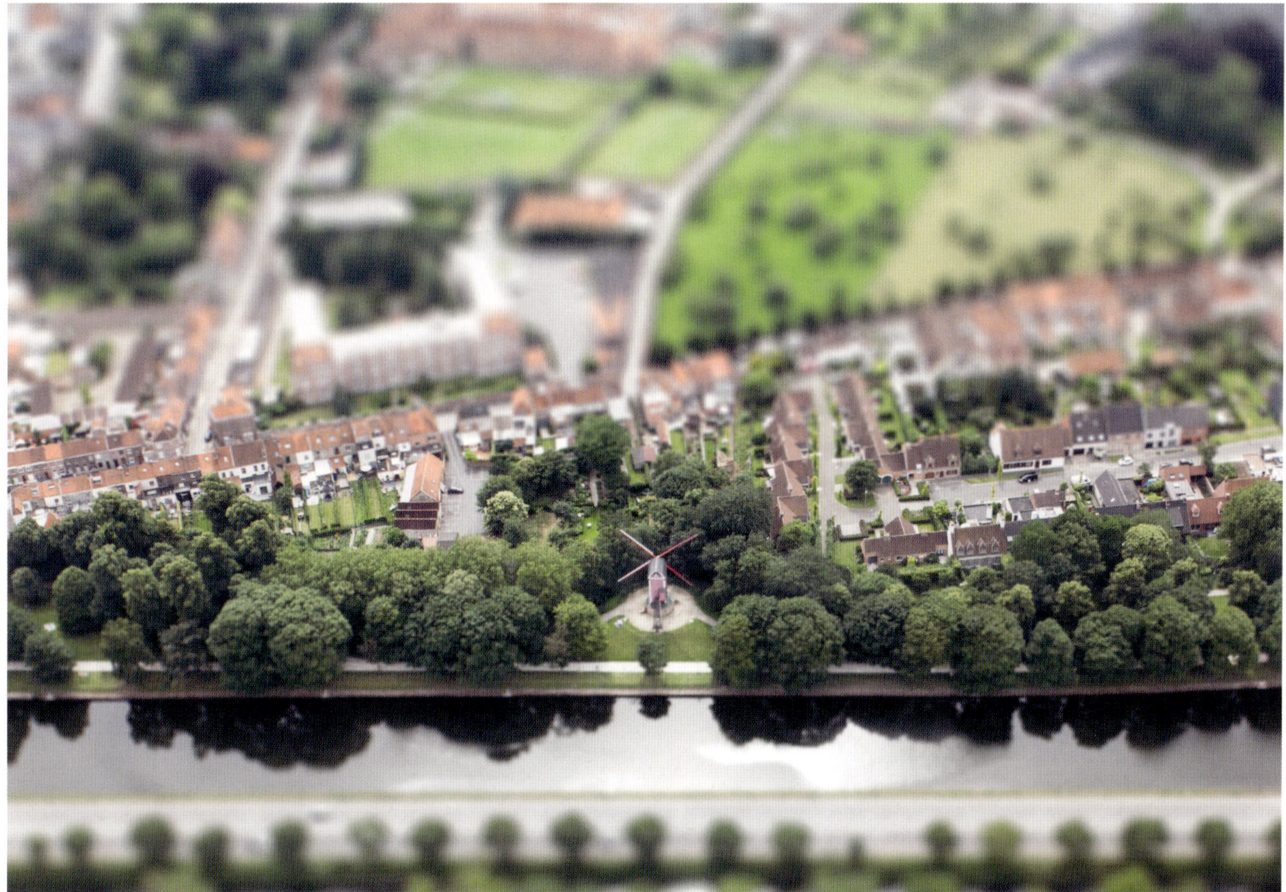

Brugge

Kasteel Bulskampveld, Beernem

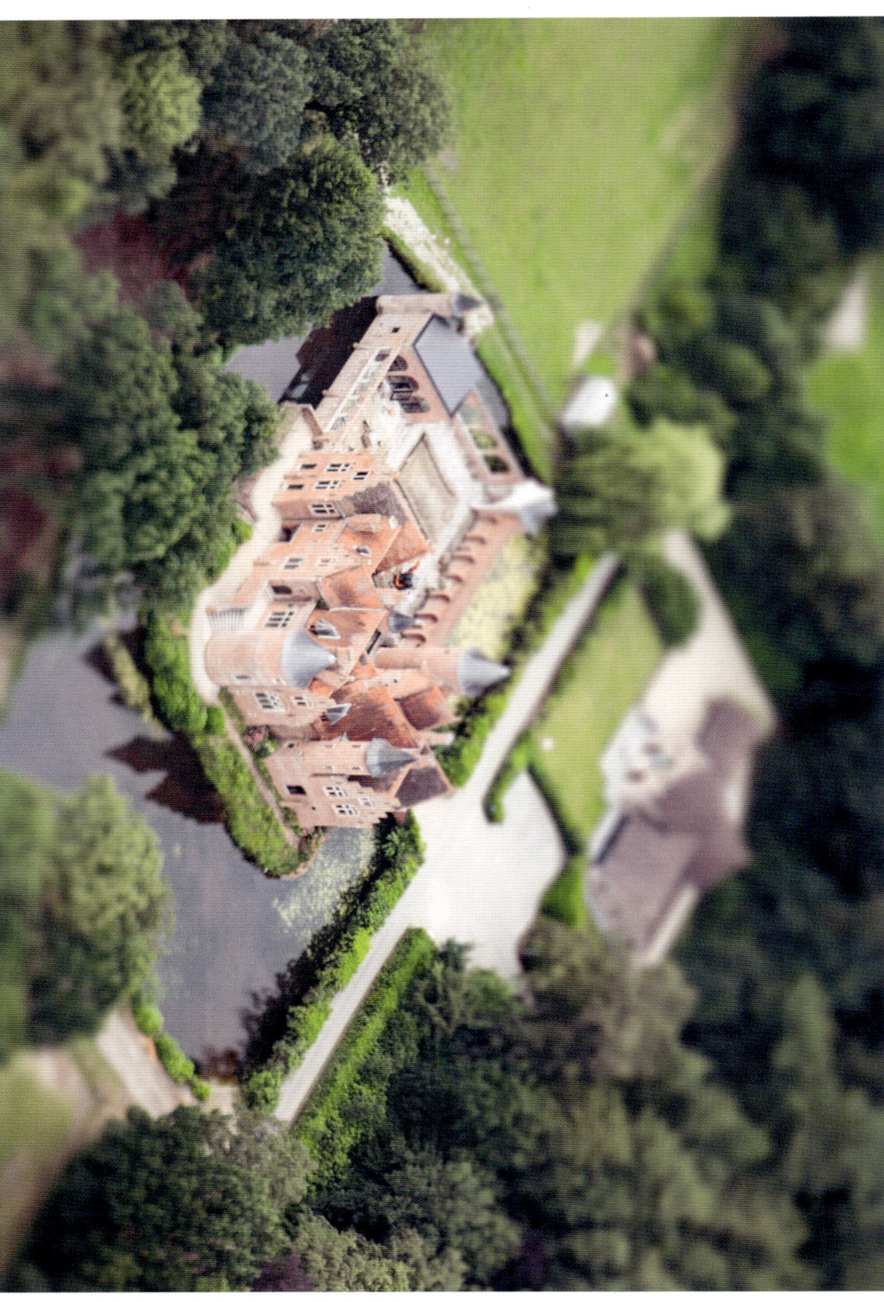

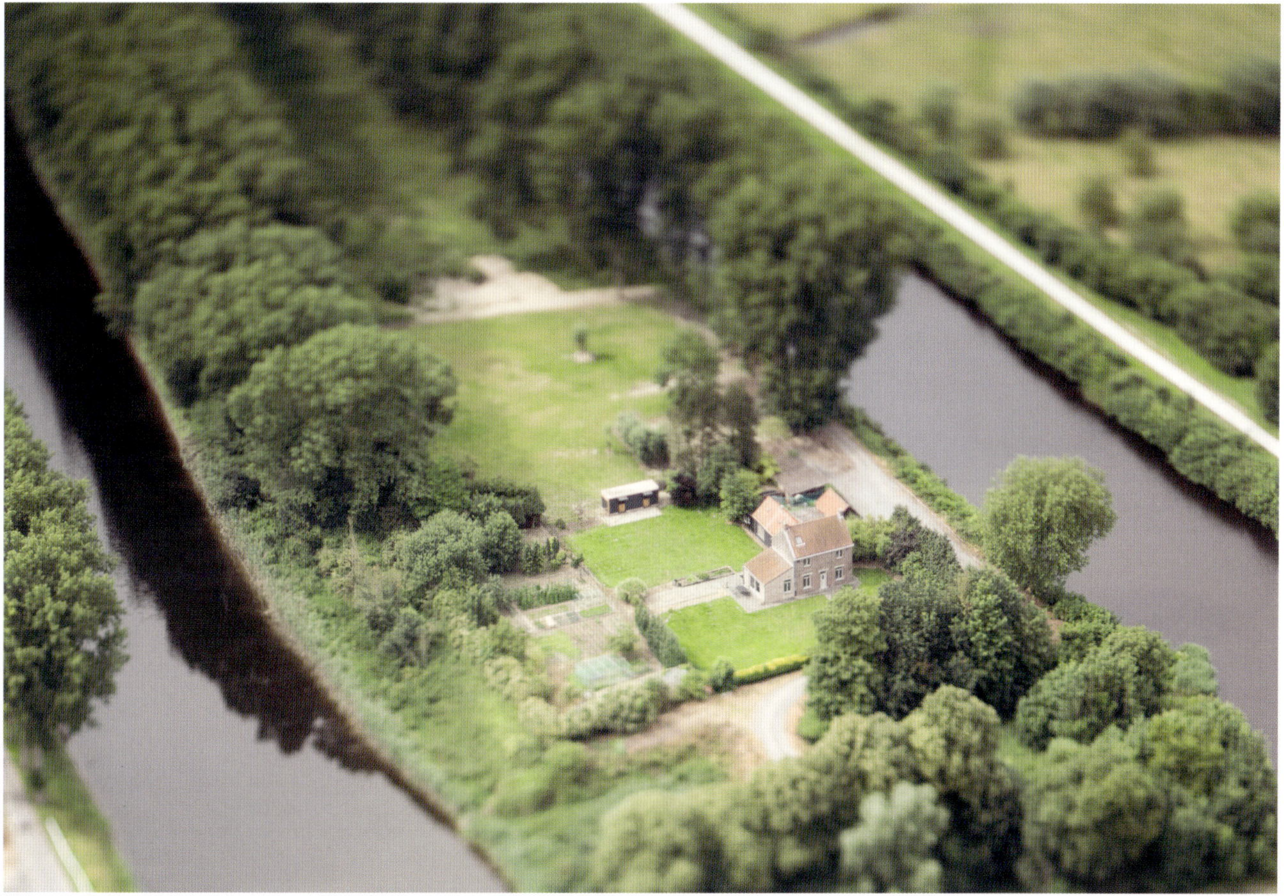

Damme

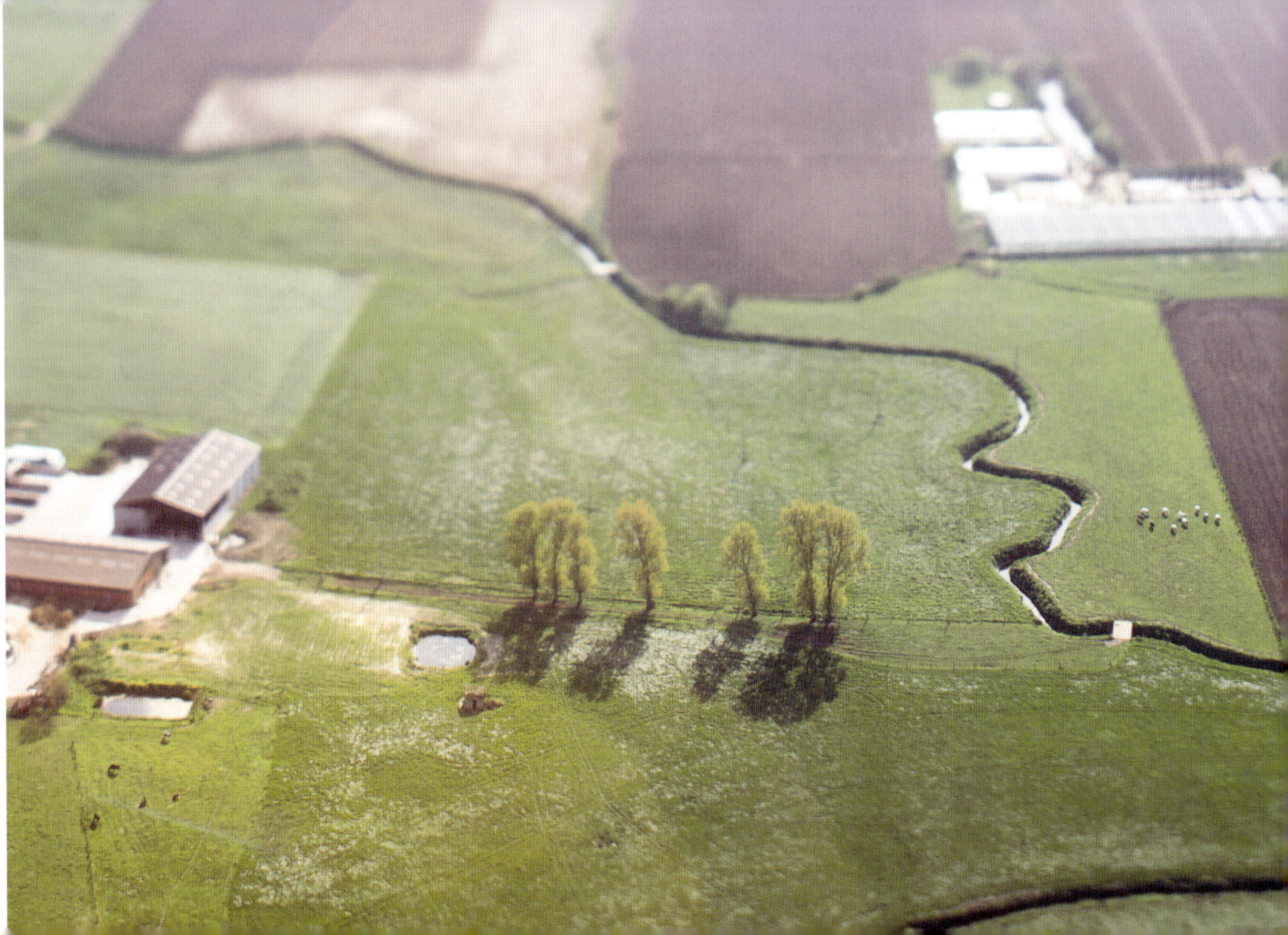

We shall not sleep,
though poppies grow
In Flanders Fields

In Flanders Fields, major John McCrae

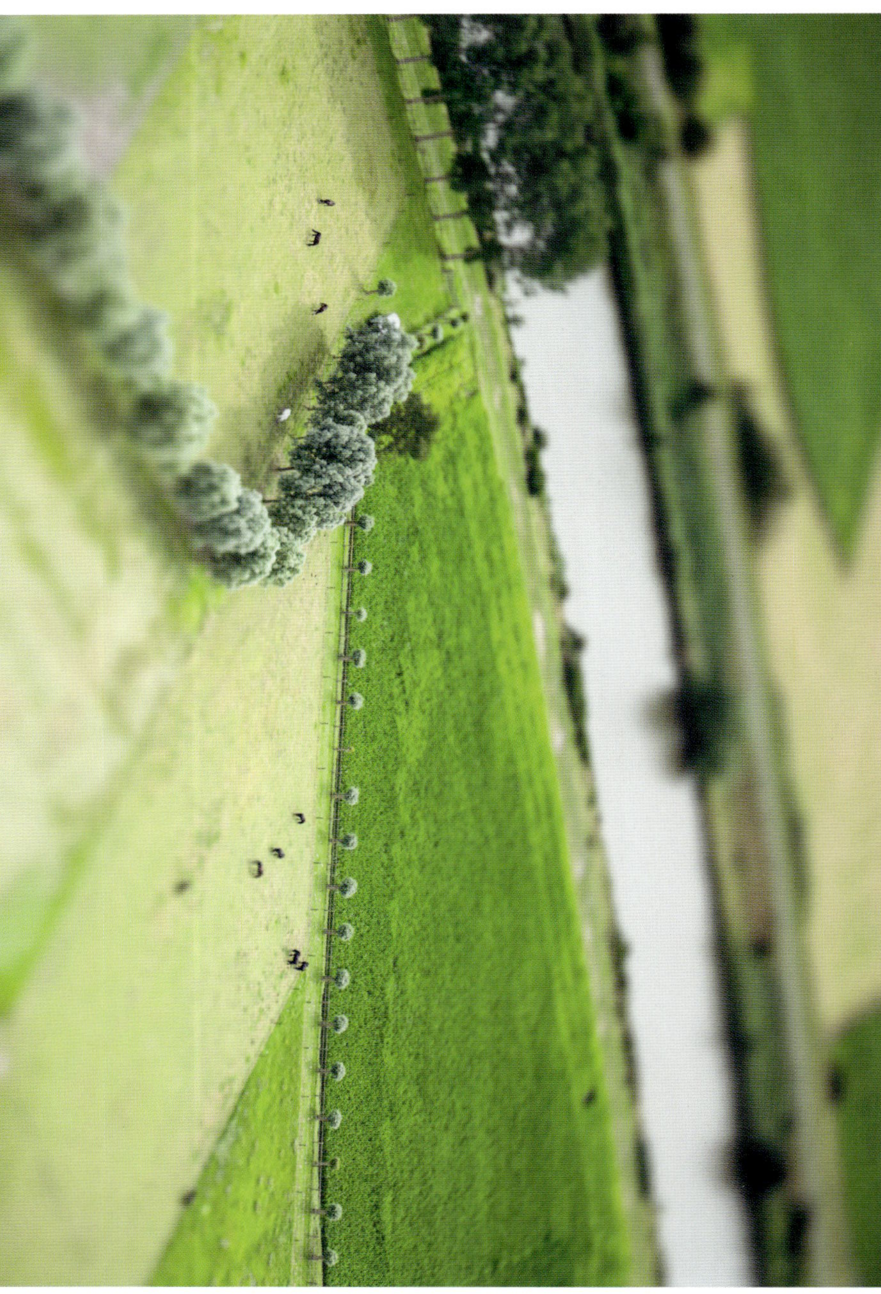

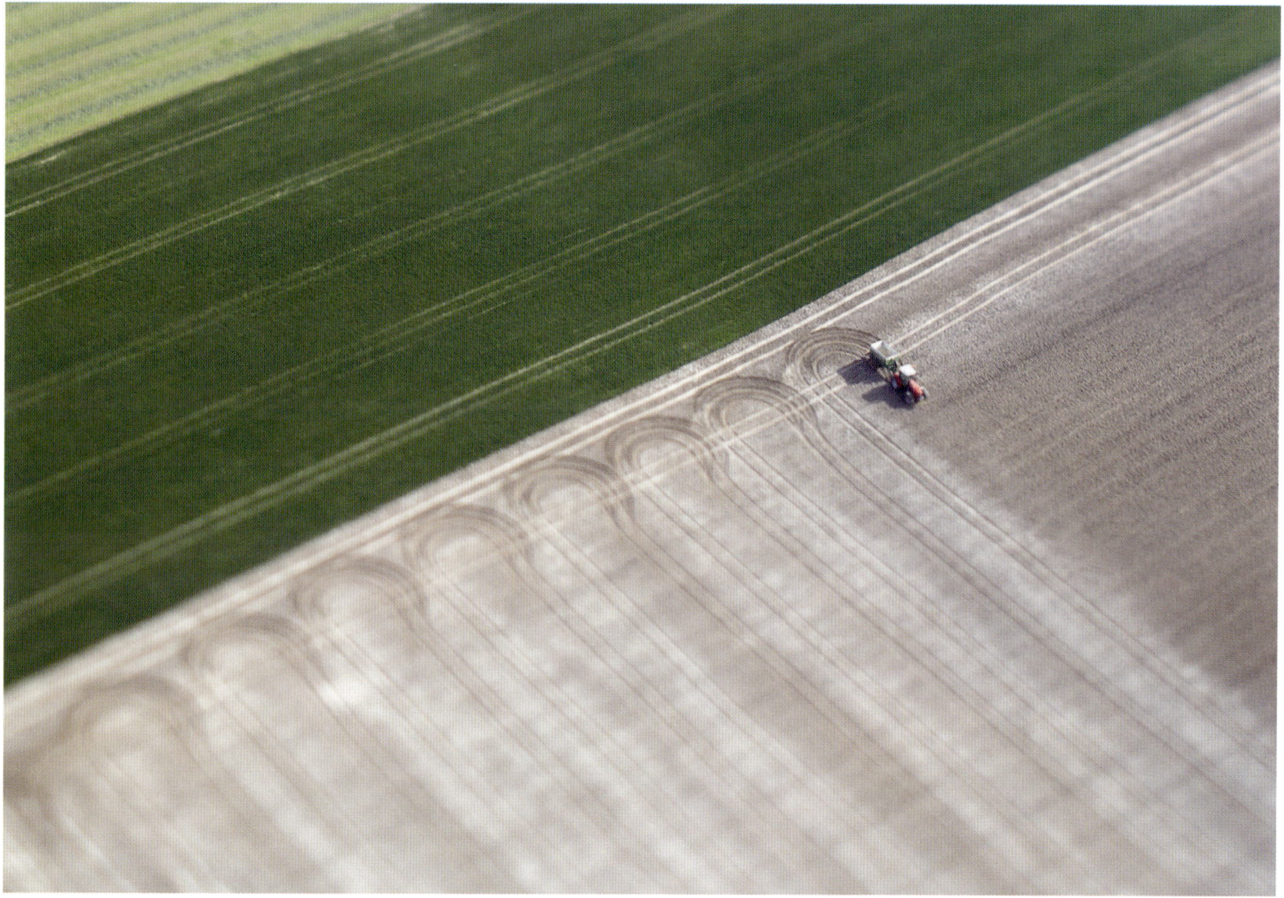

Oost-Vlaanderen

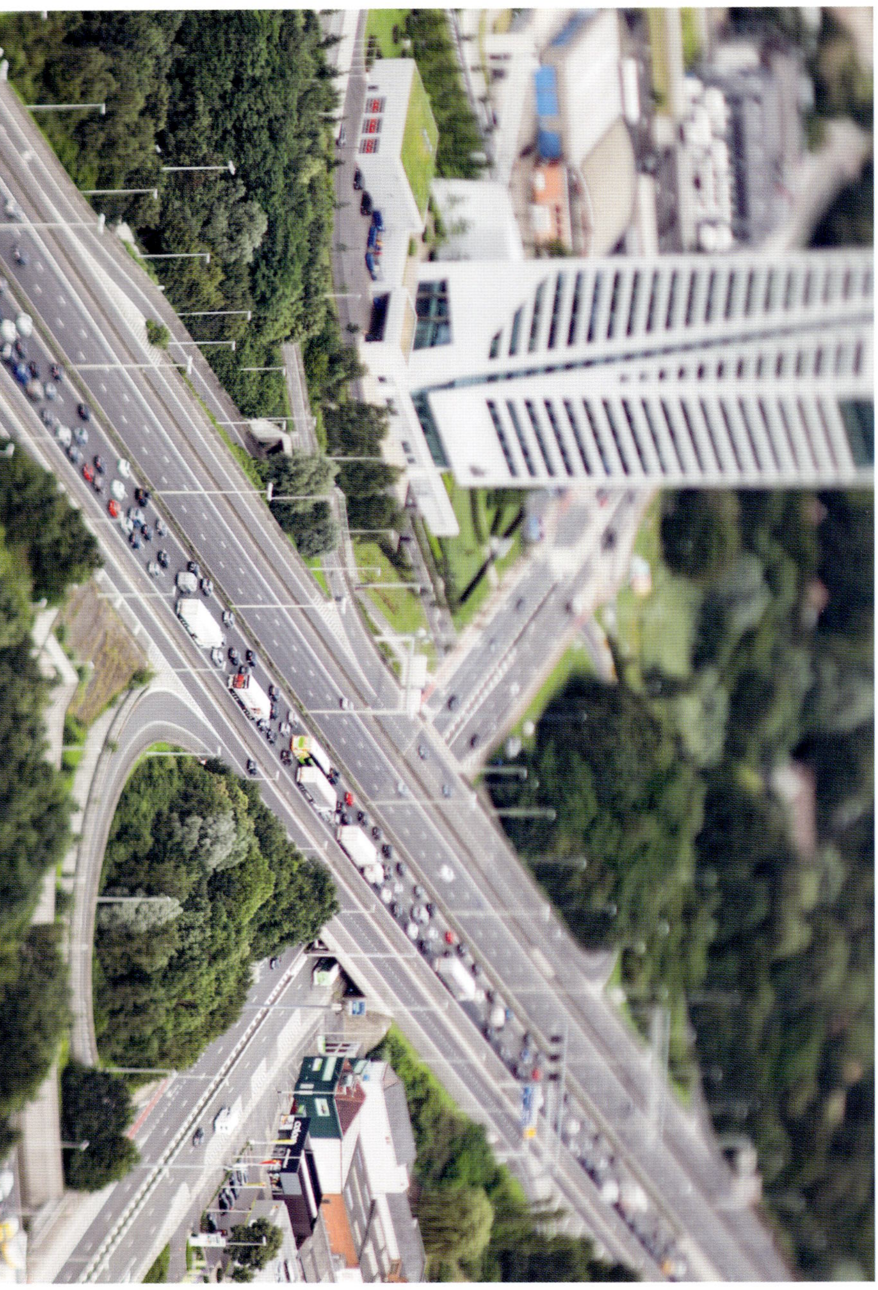

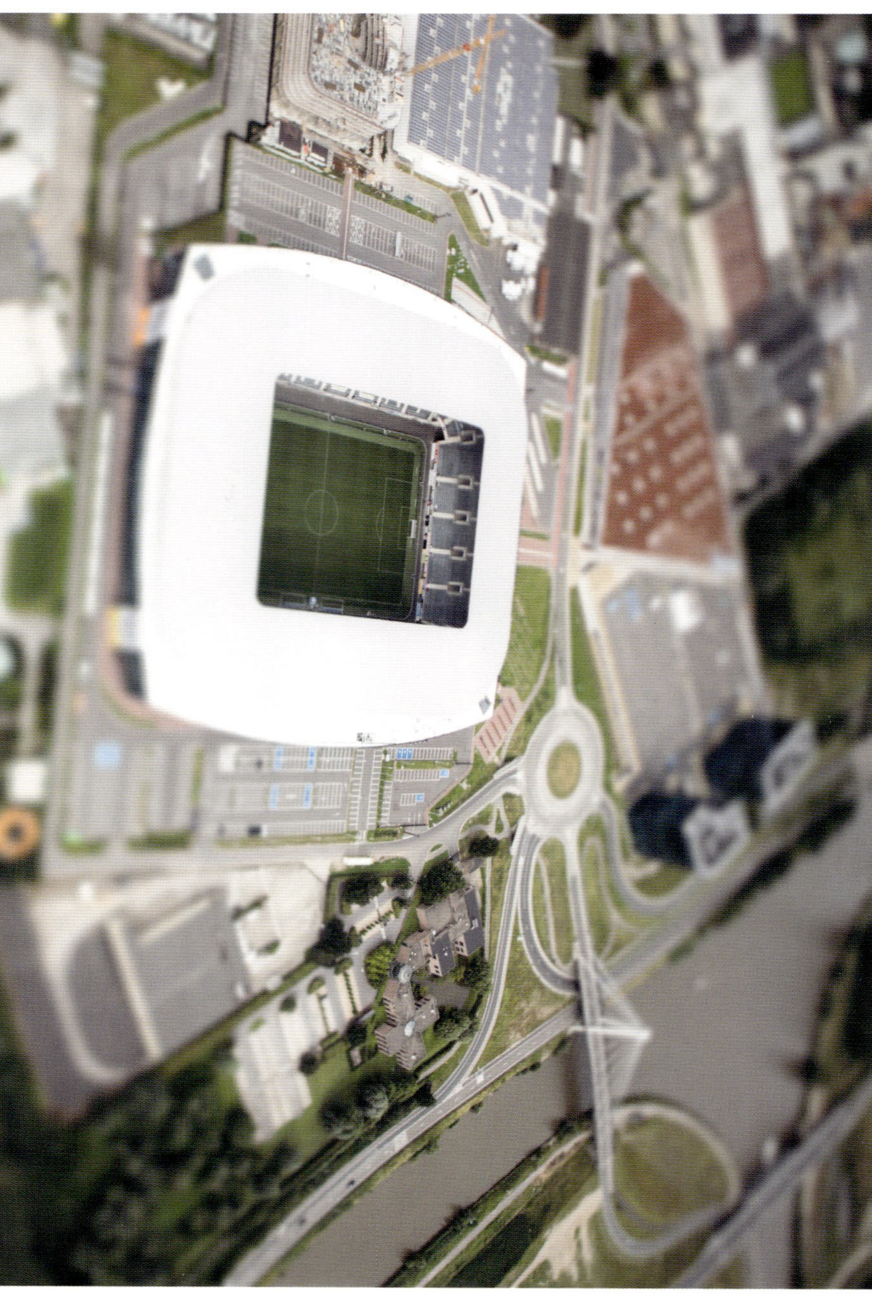

Ghelamco Arena, Gent

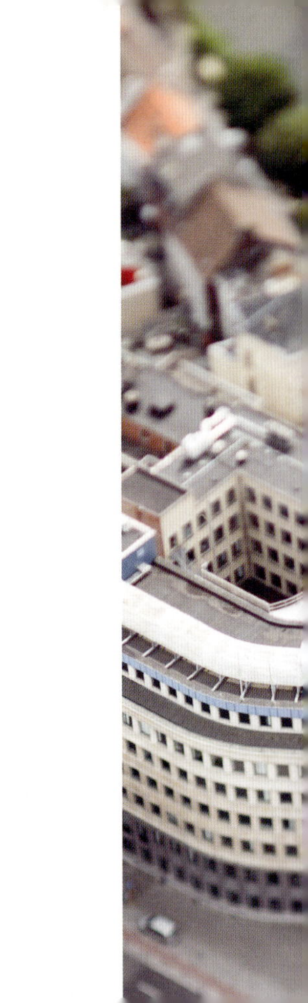

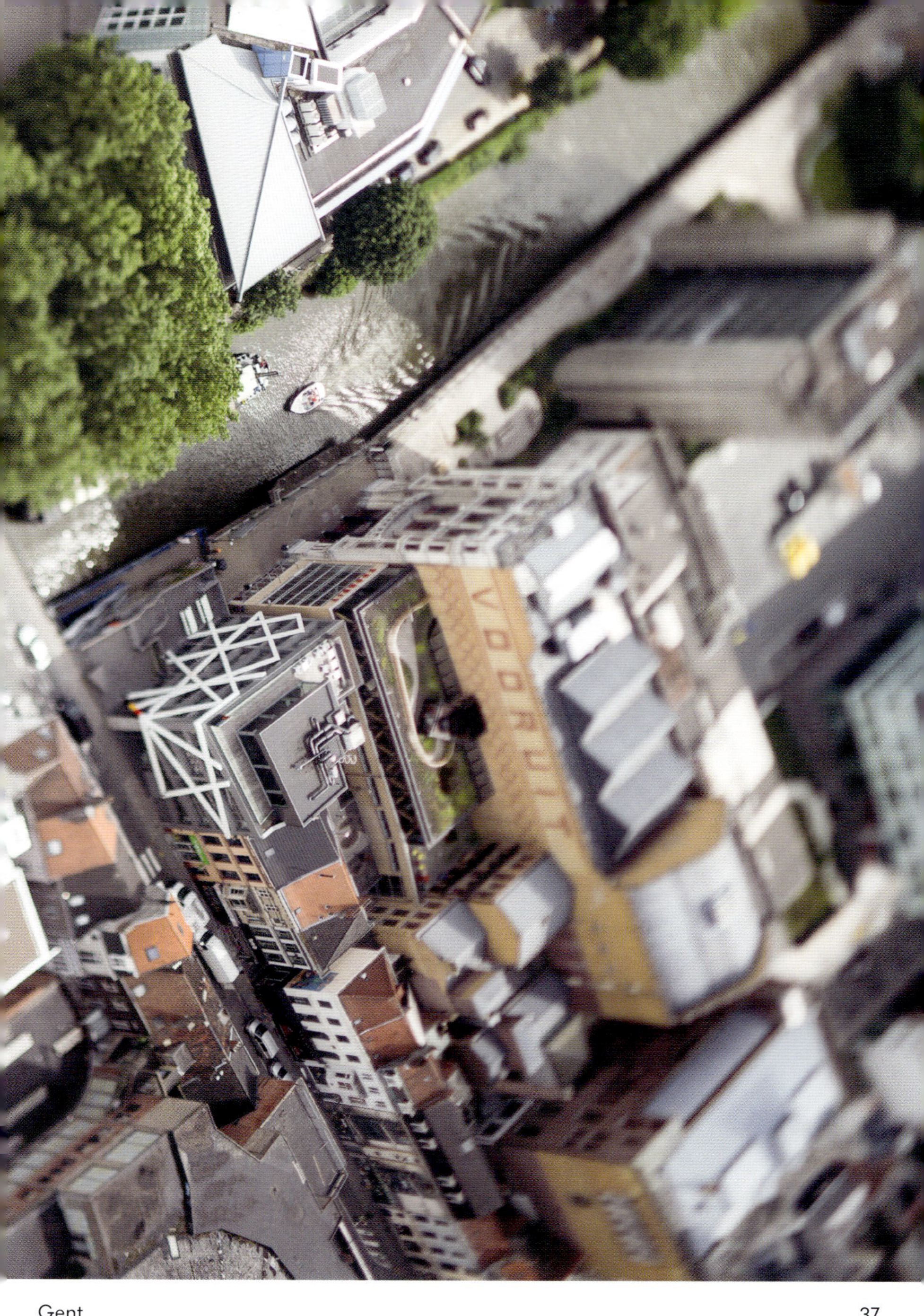
VOORUIT

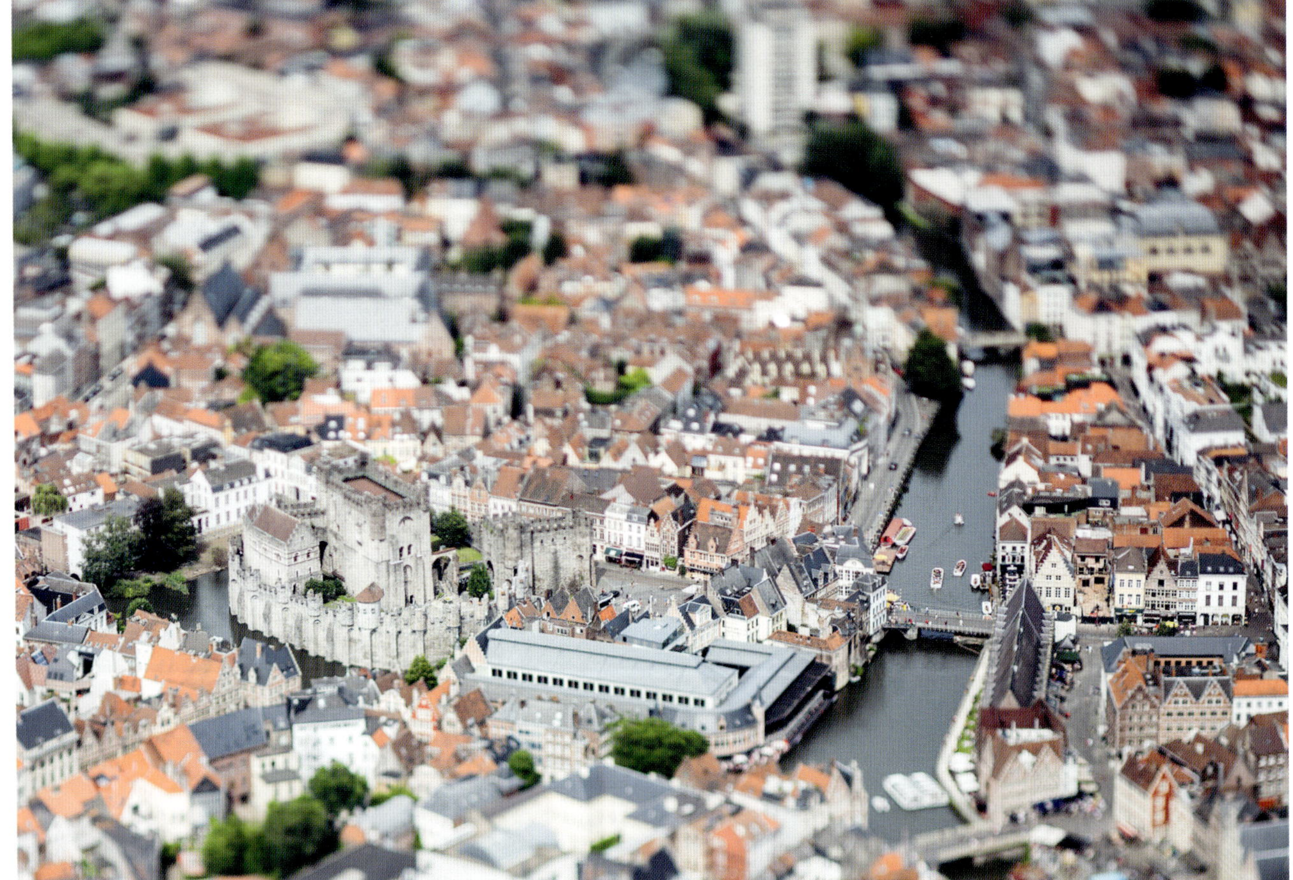

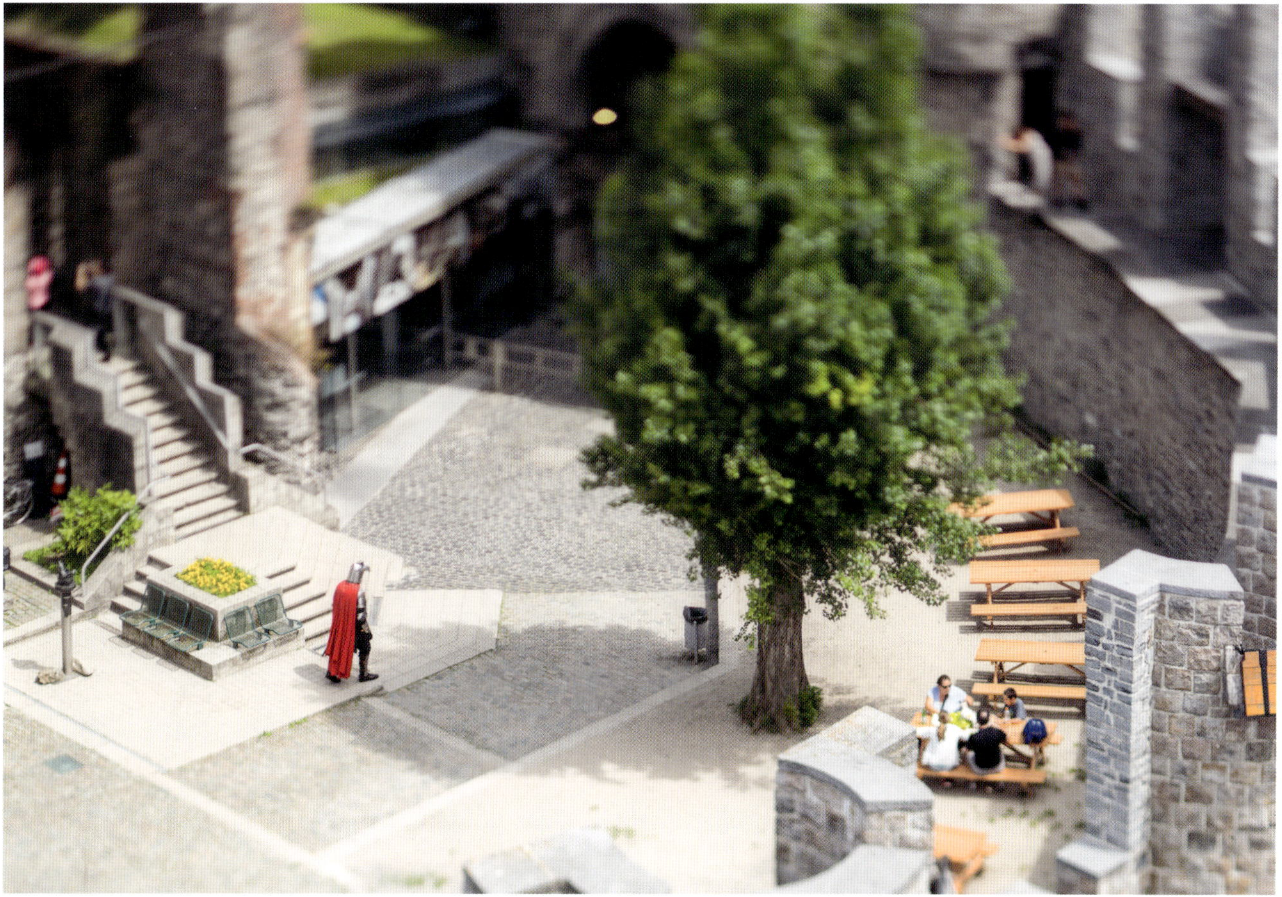

Gravensteen, Gent

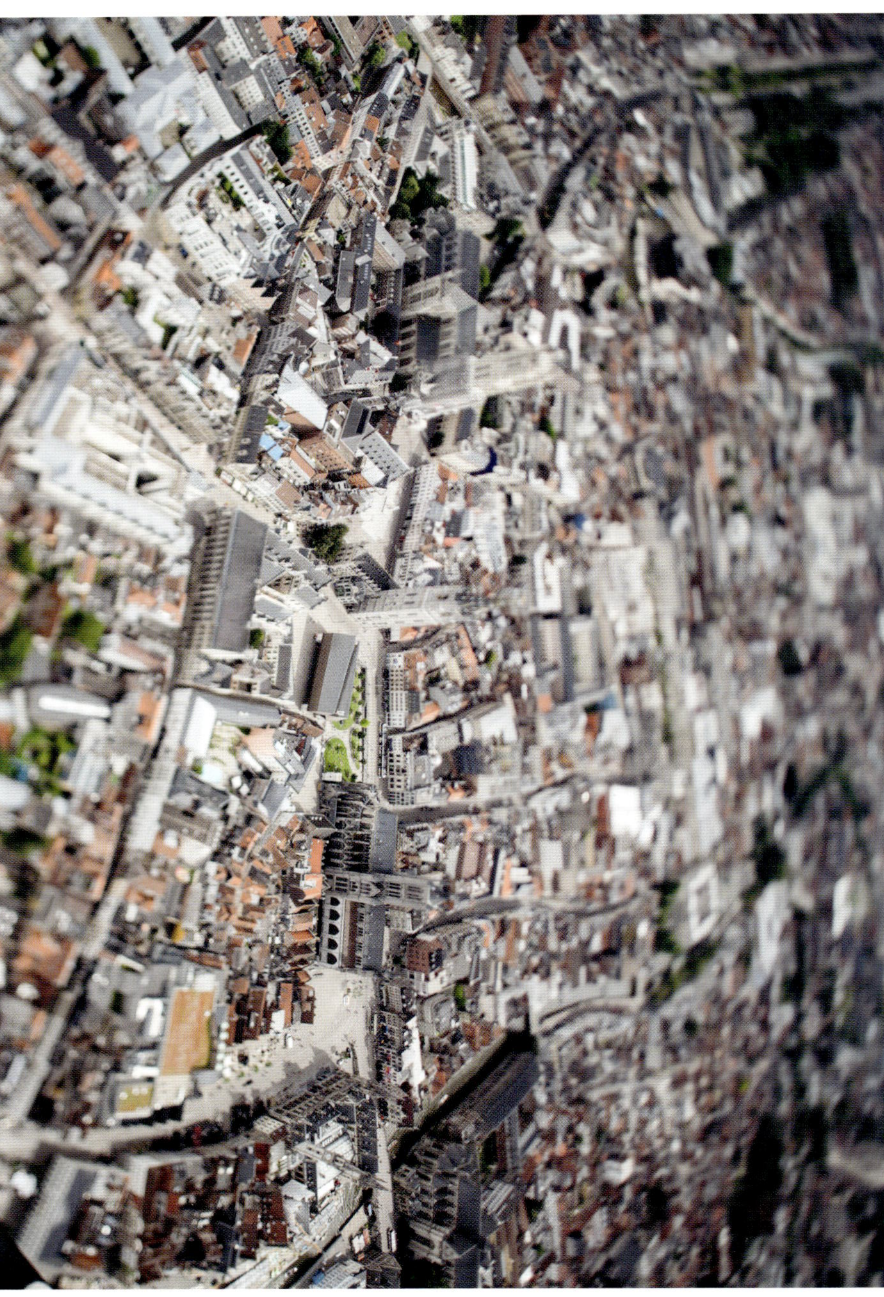

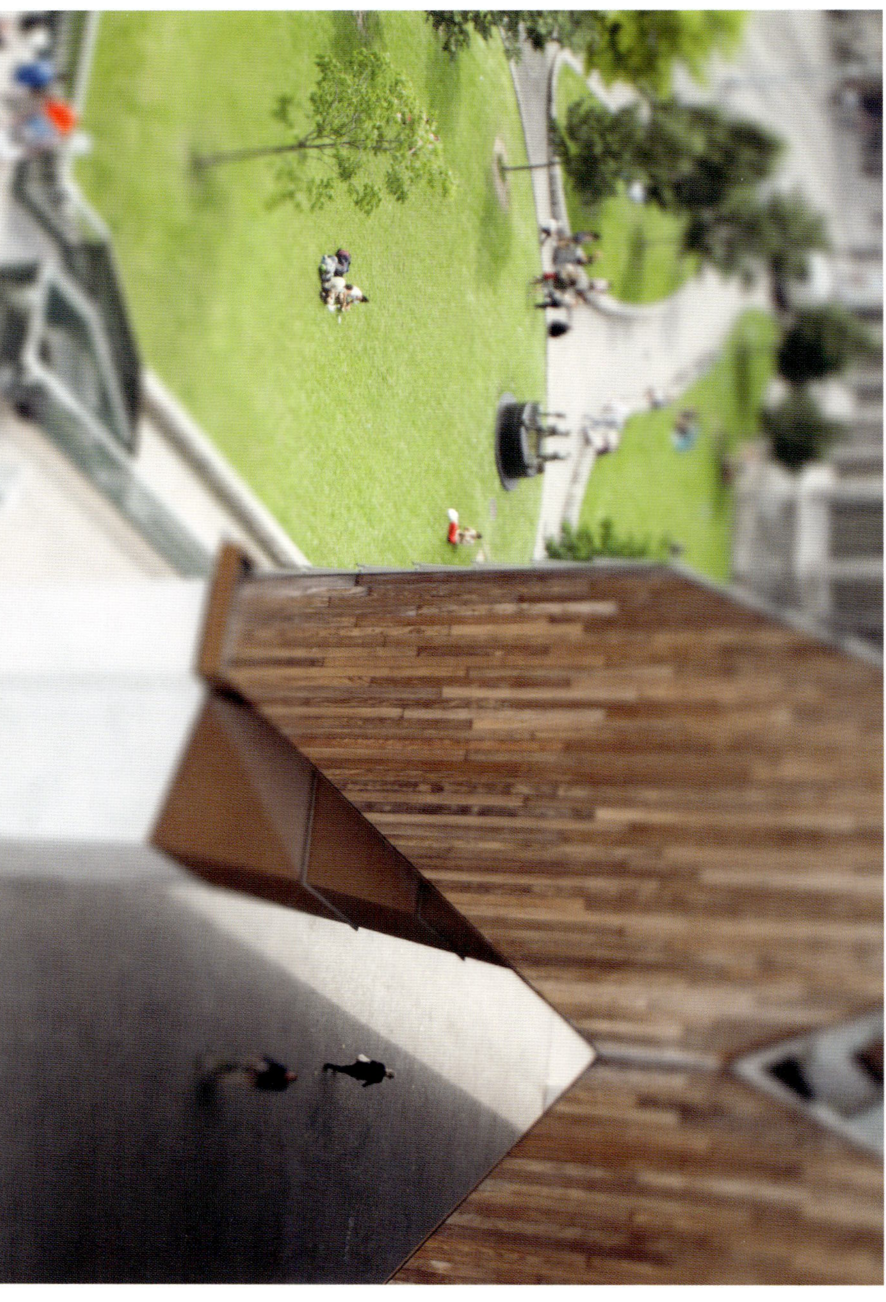

Stadshal, Gent

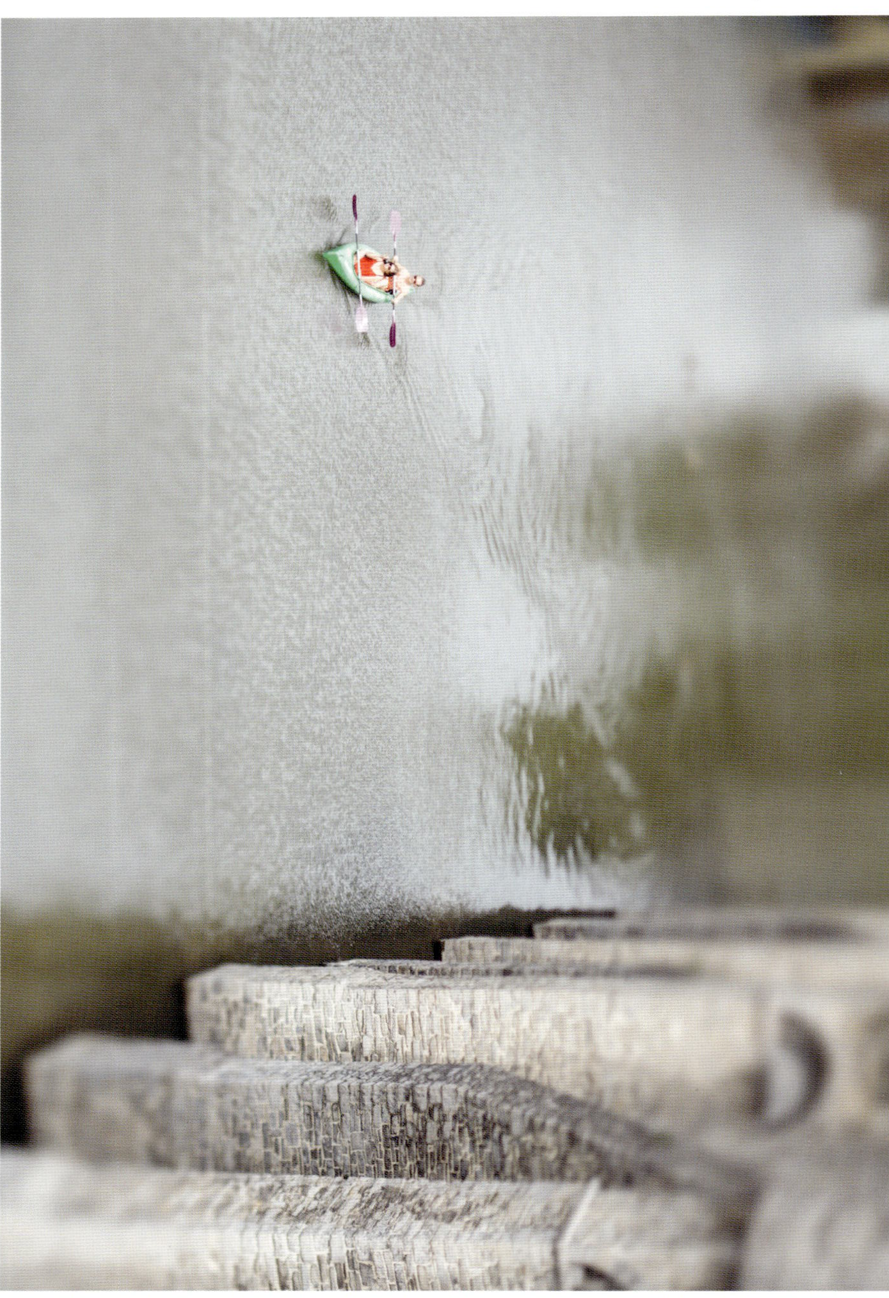

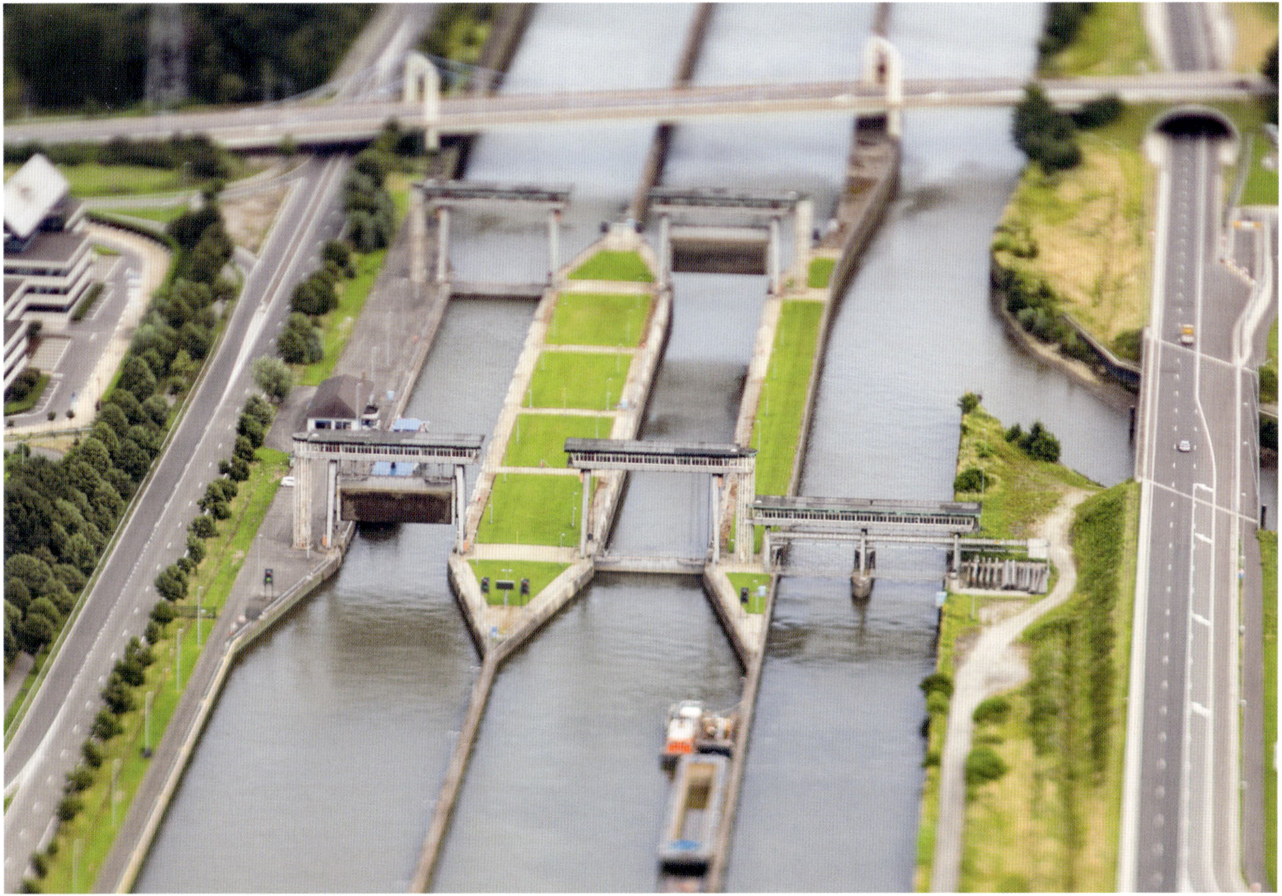

Merelbeke

Horum omnium fortissimi sunt Belgae.

Of all these, the Belgae are the bravest.
De Bello Gallico, Julius Caesar

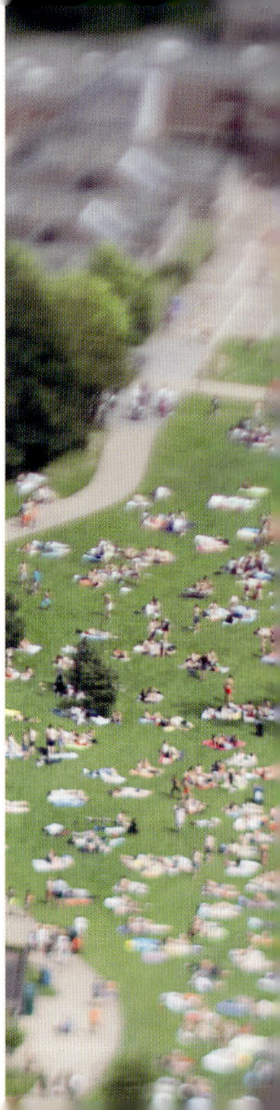

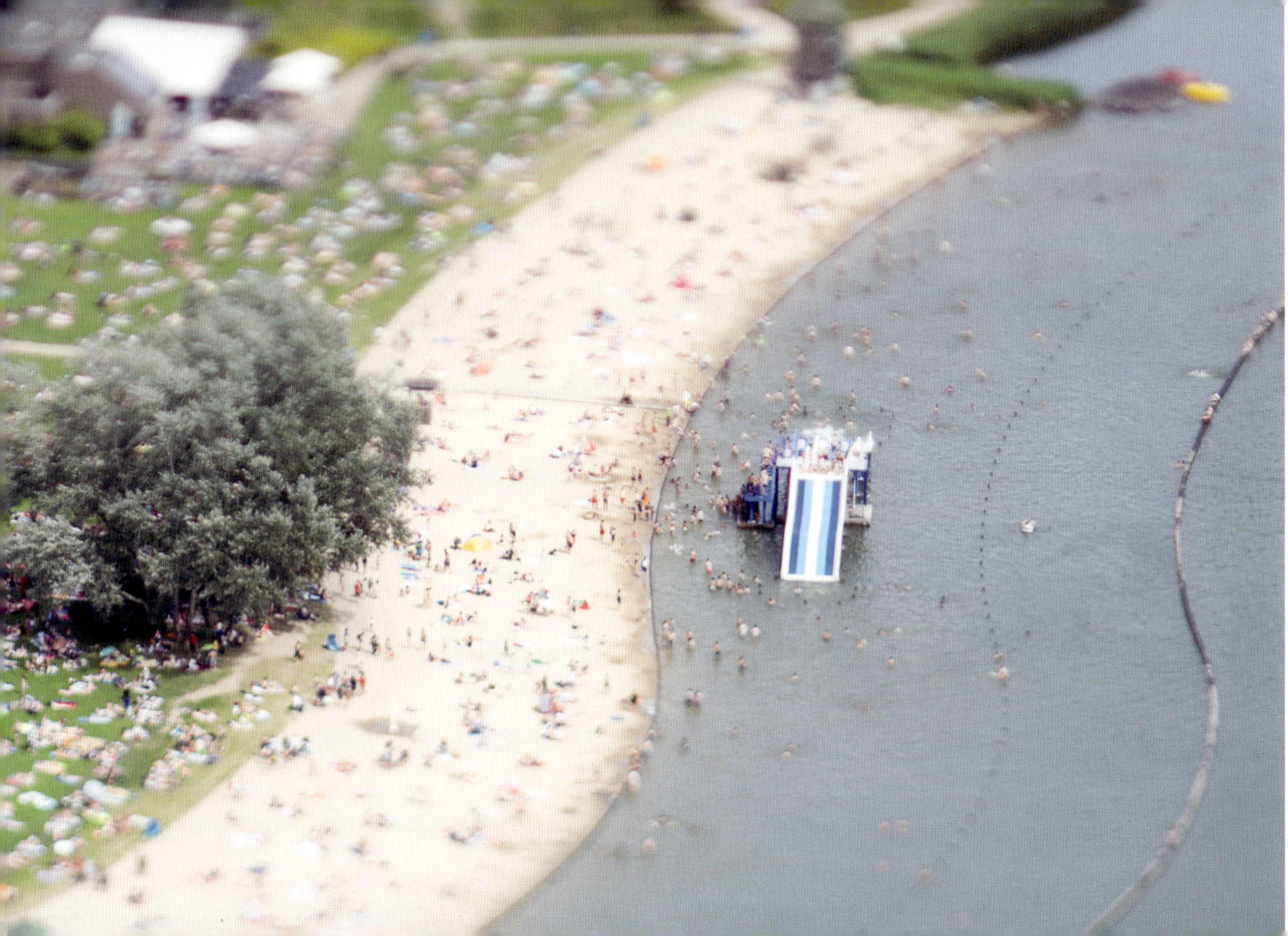

Blaarmeersen, Gent

Gent

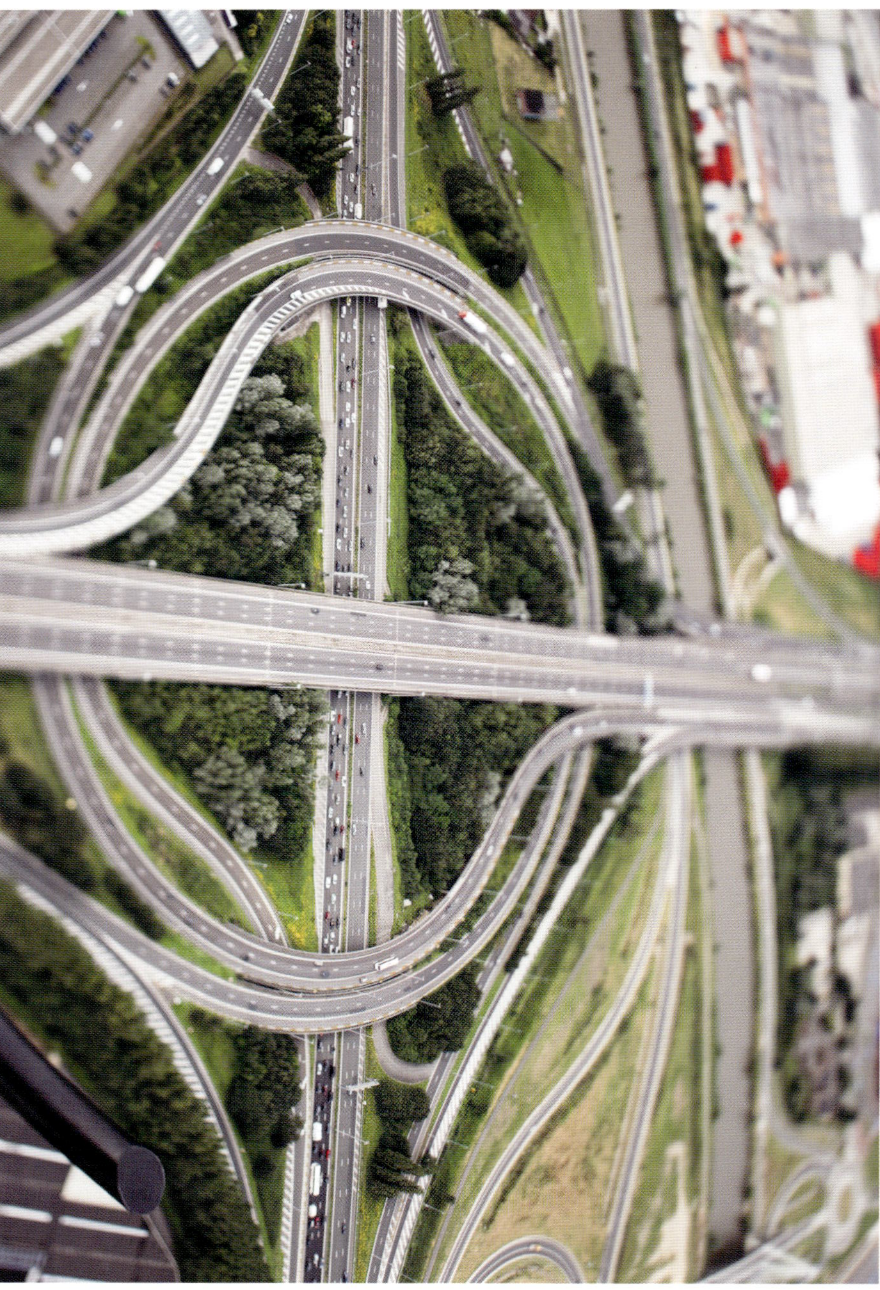

Expresweg N49

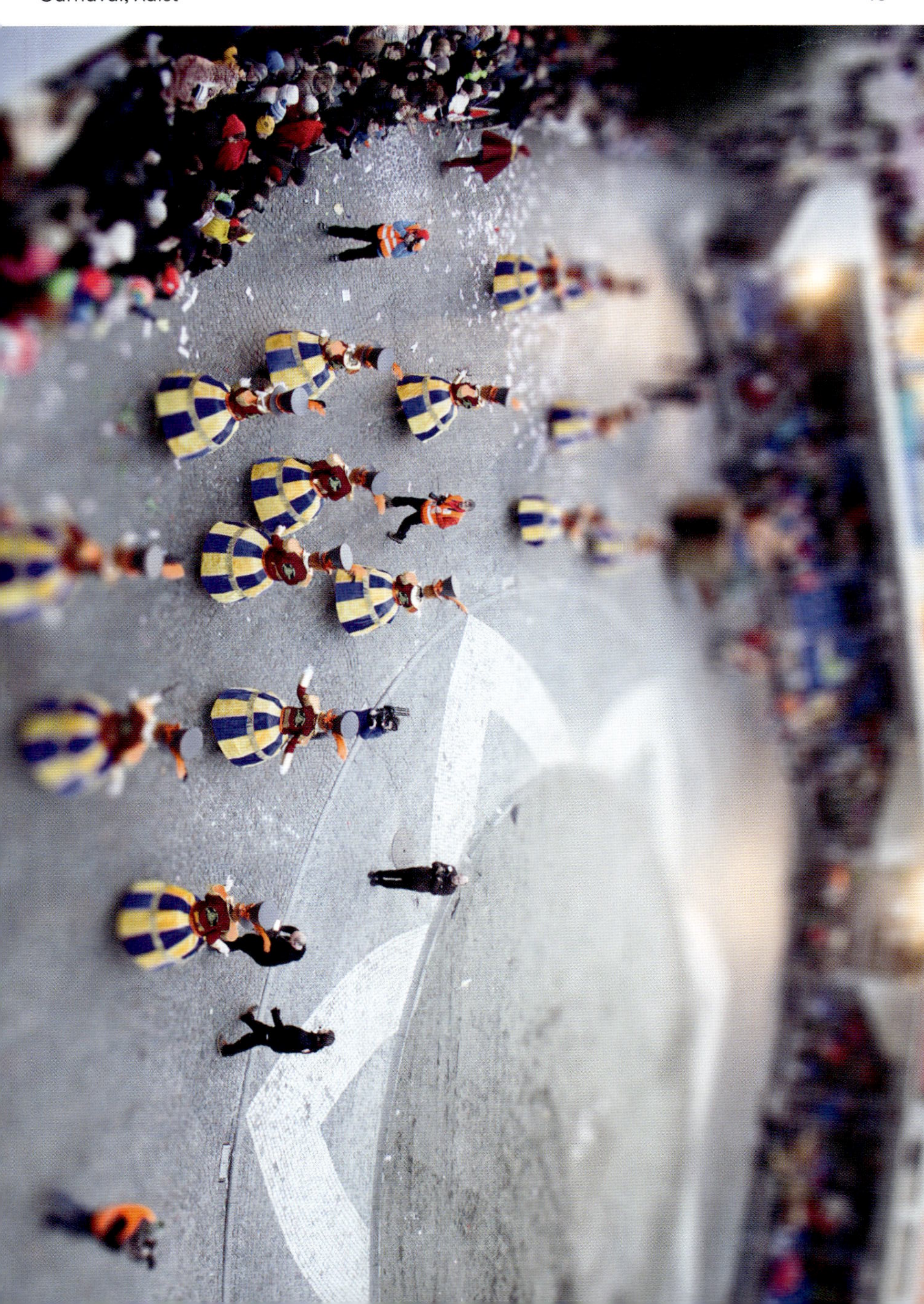

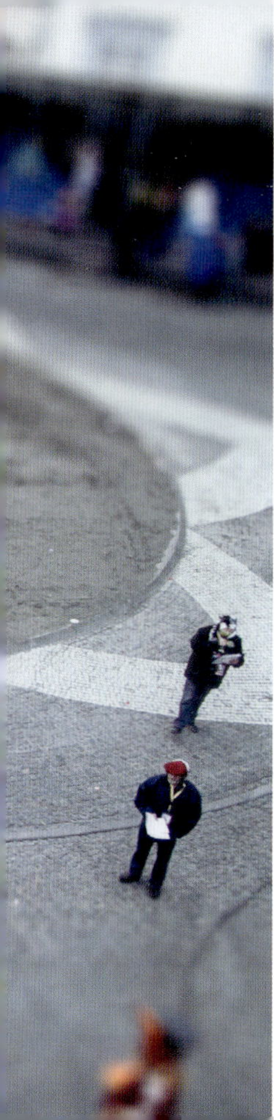

Petit pays avec un grand esprit.

Arno, Belgian musician

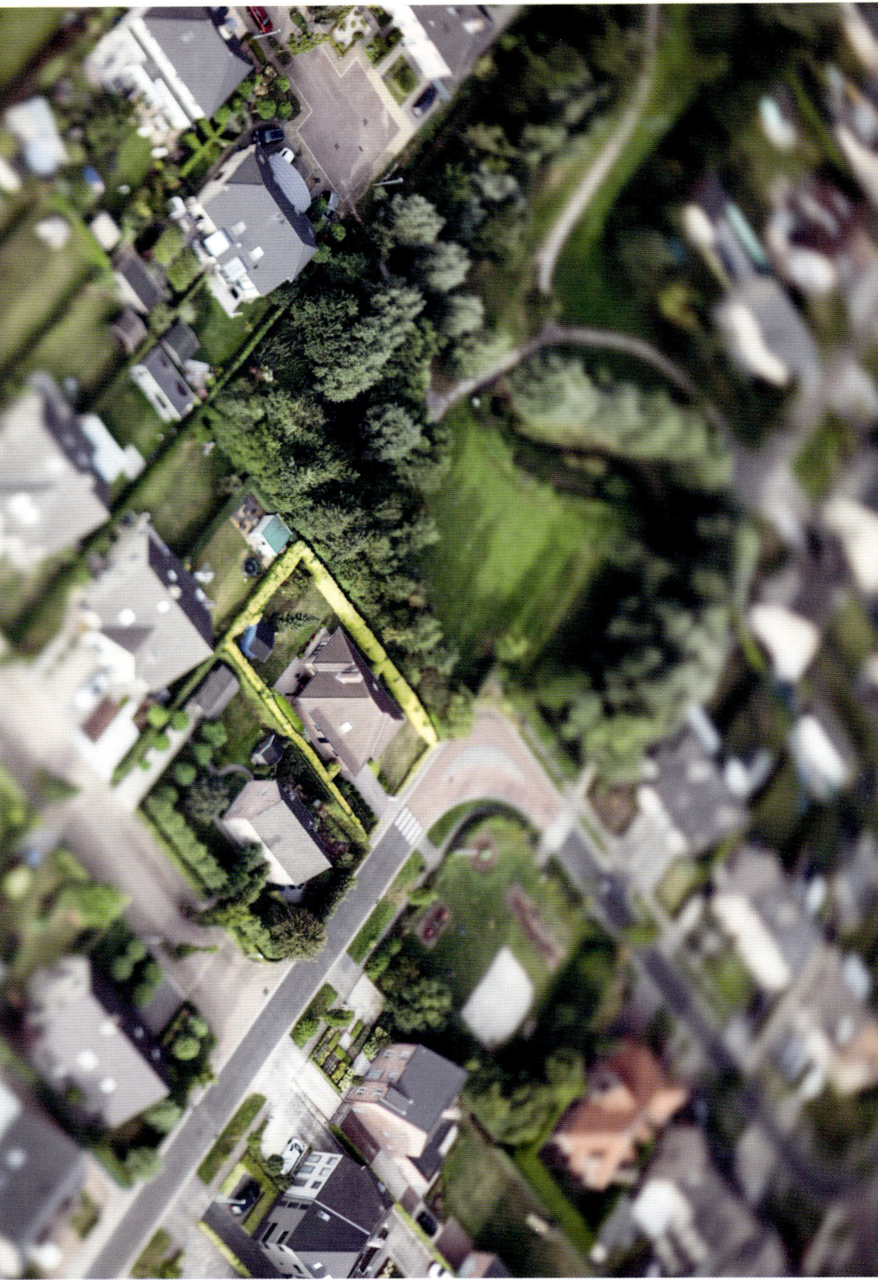

Vredefeesten, Sint-Niklaas

België is prachtig.
De bombastische,
protserige haciënda's,
het stijlloze samenkoeken
van allerlei vormen,
de oneindige varianten
op de klunzigheid vervullen
mij met vreugde.

Belgium is wonderful. The pompous, ostentatious estates; the styleless lumping together of all manner of shapes; the endless variations on a theme of clumsiness... It all fills me with joy.
Hugo Claus, Belgian writer & poet

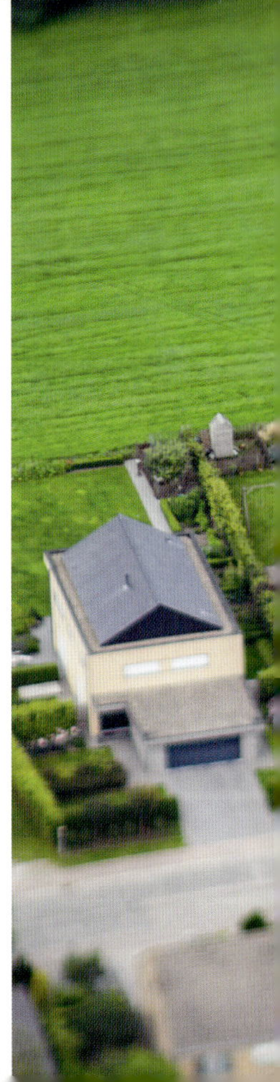

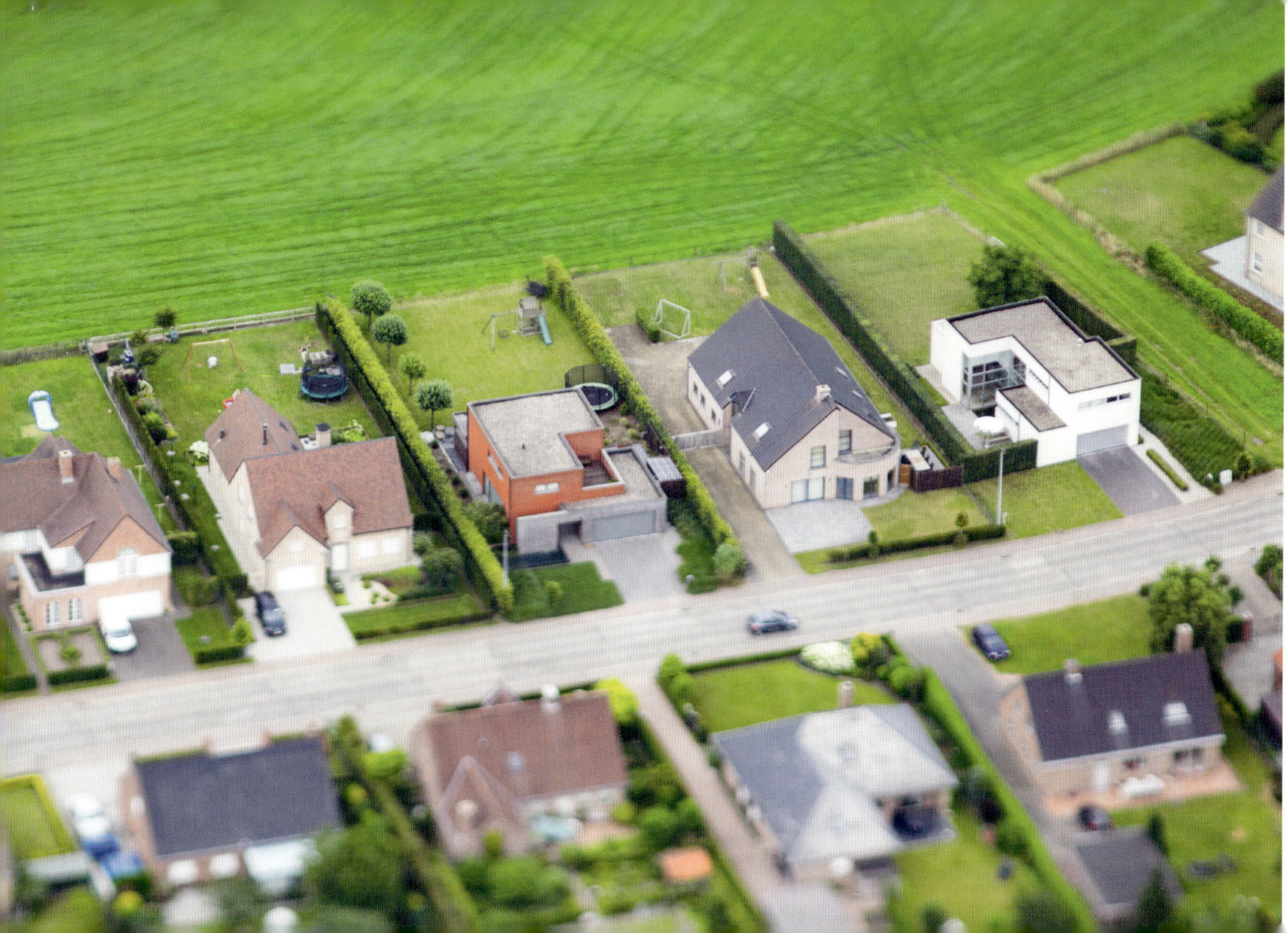

Oost-Vlaanderen

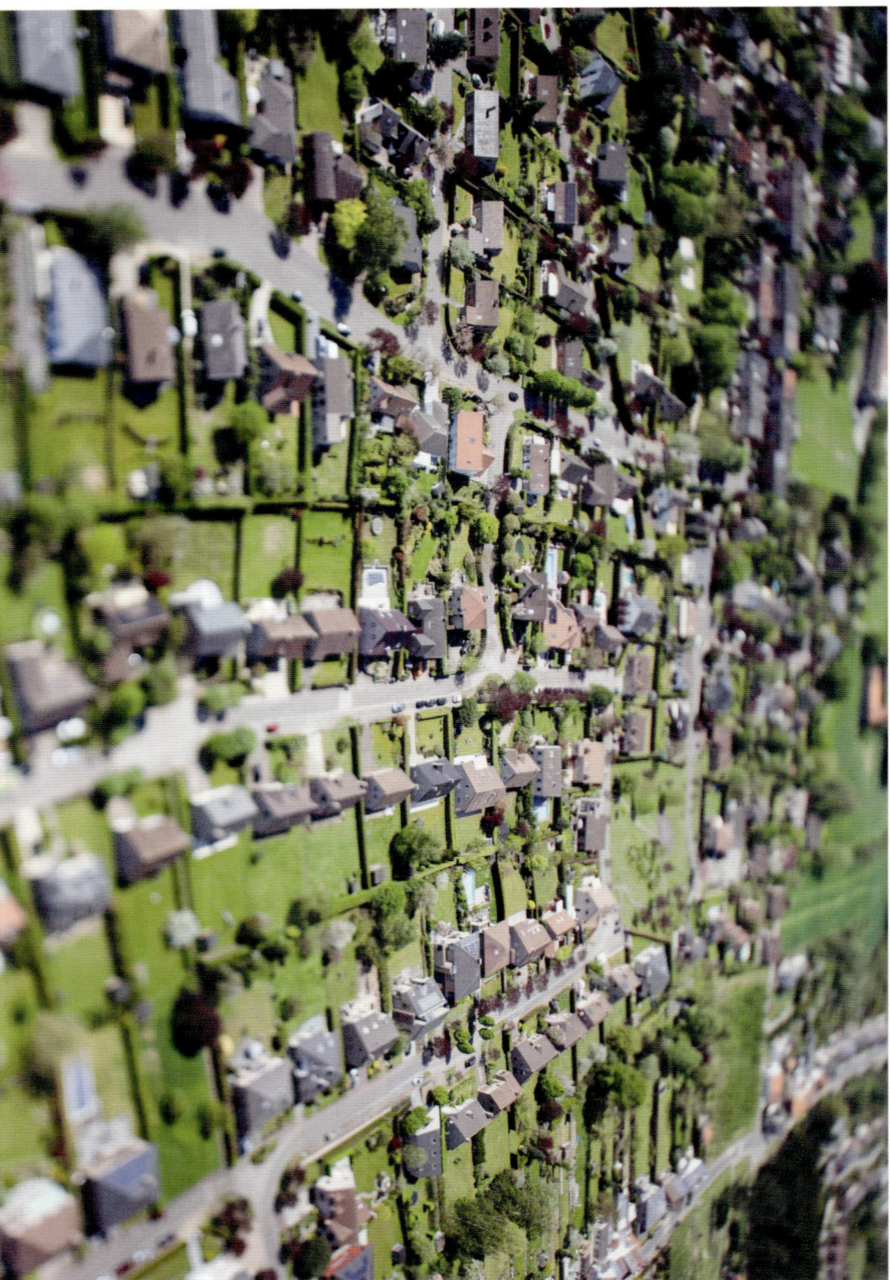

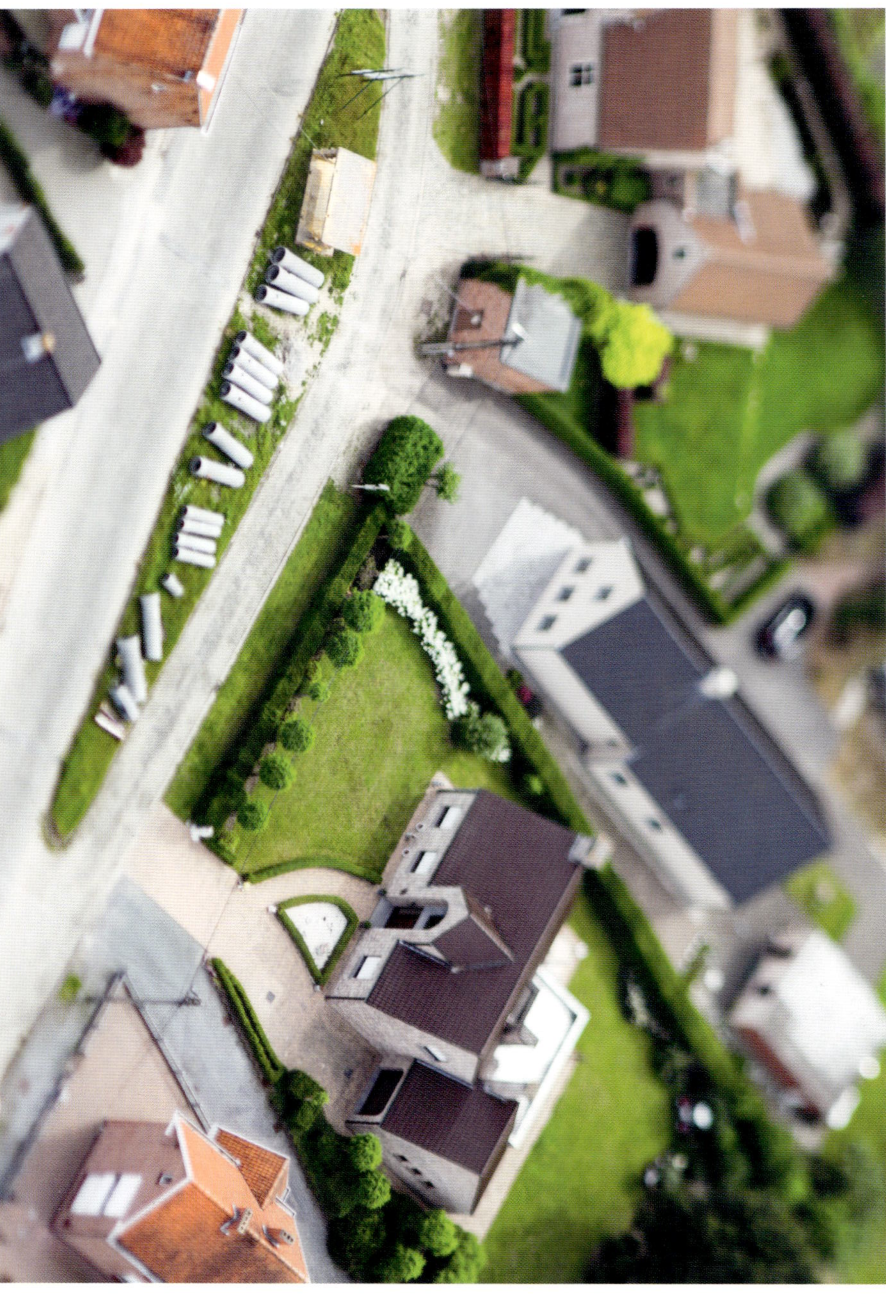

Kamershoek

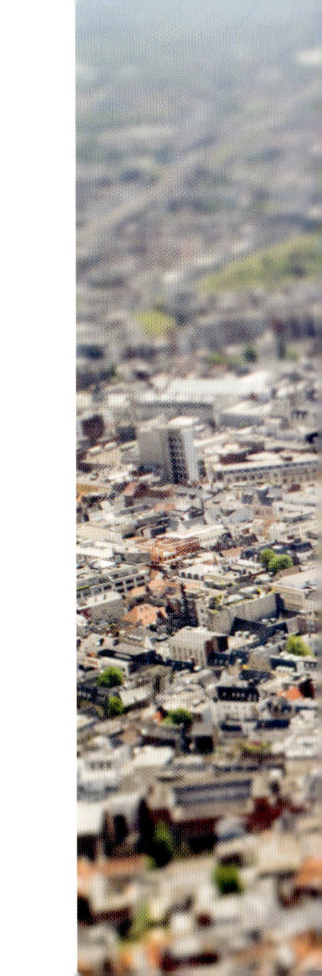

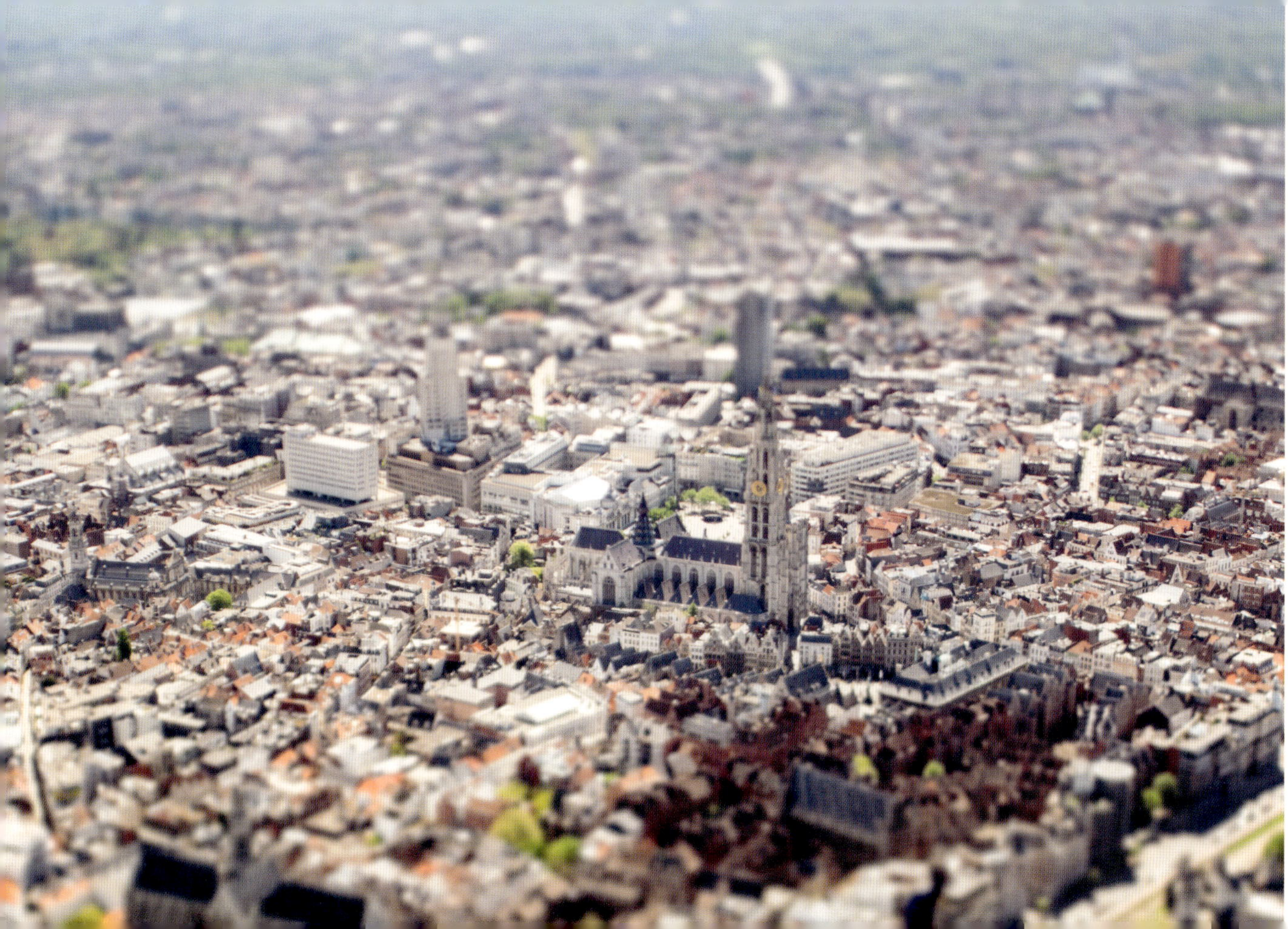

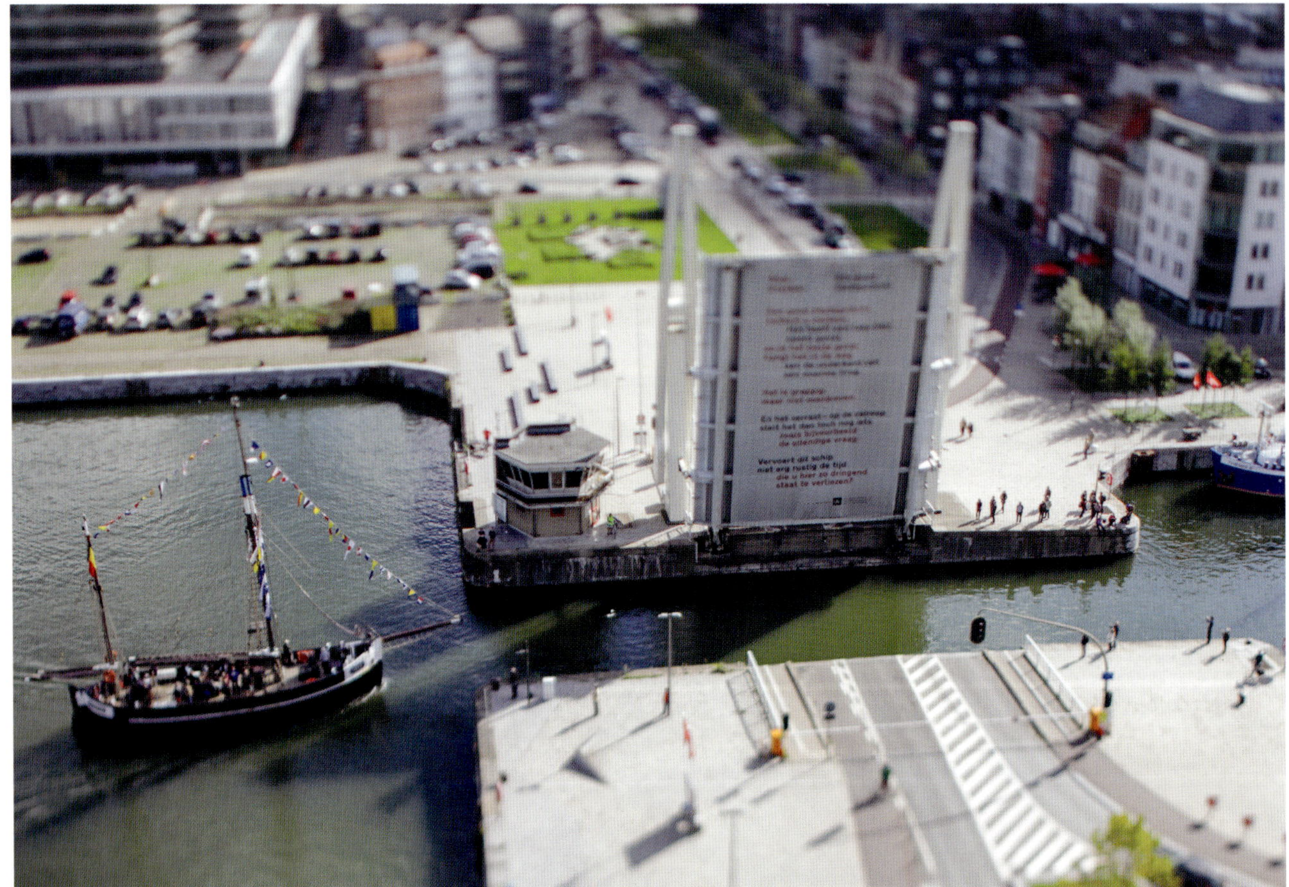

Londenbrug, Antwerpen

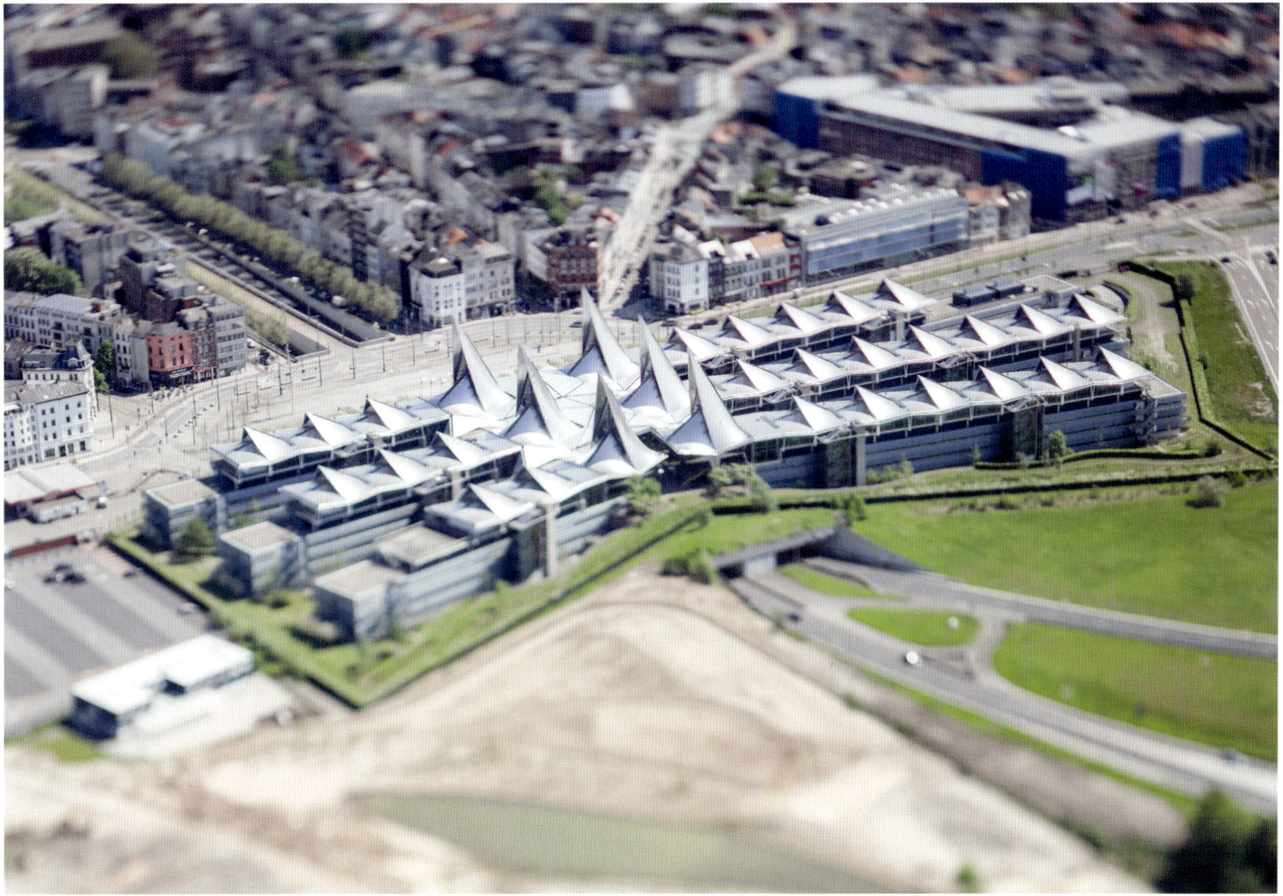

Gerechtsgebouw, Antwerpen

EK voetbal, Antwerpen

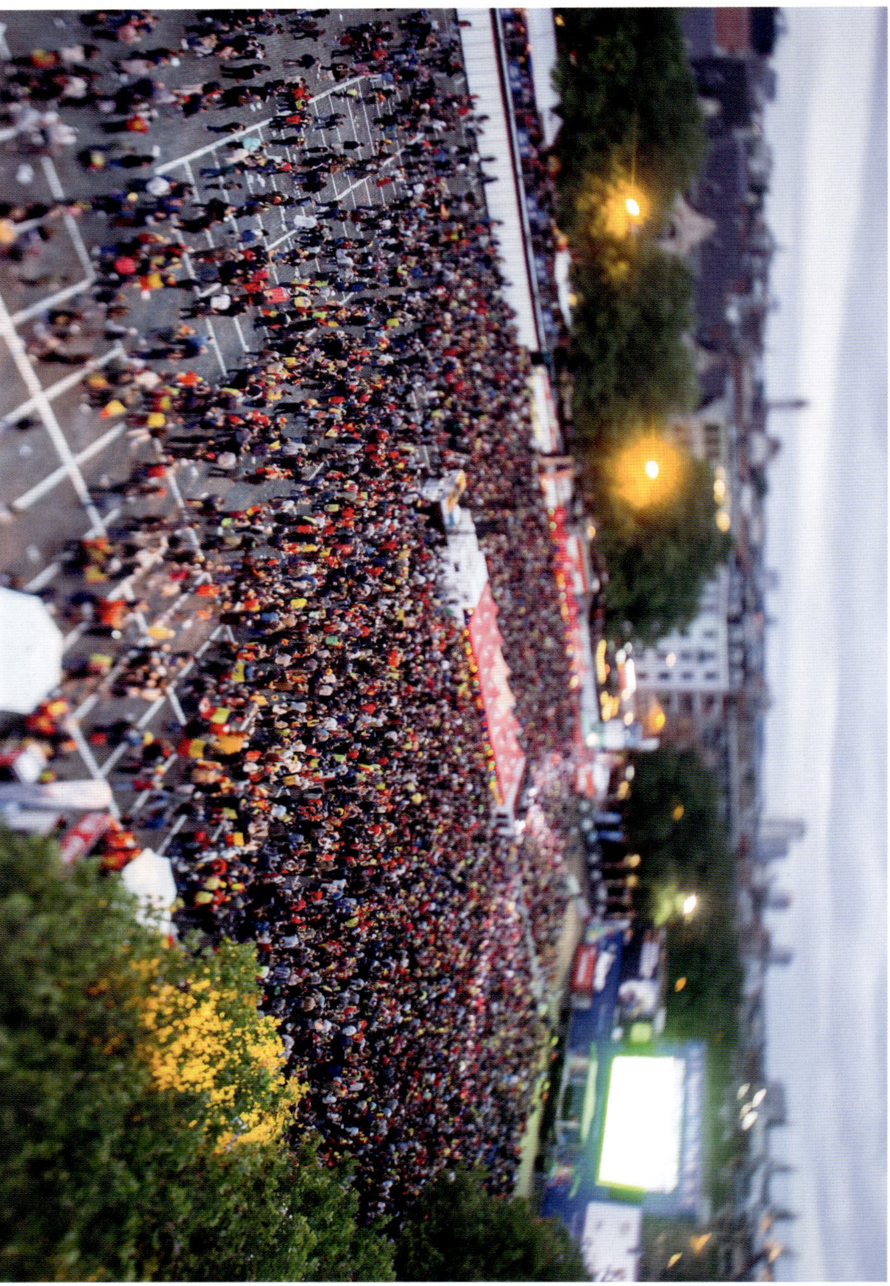

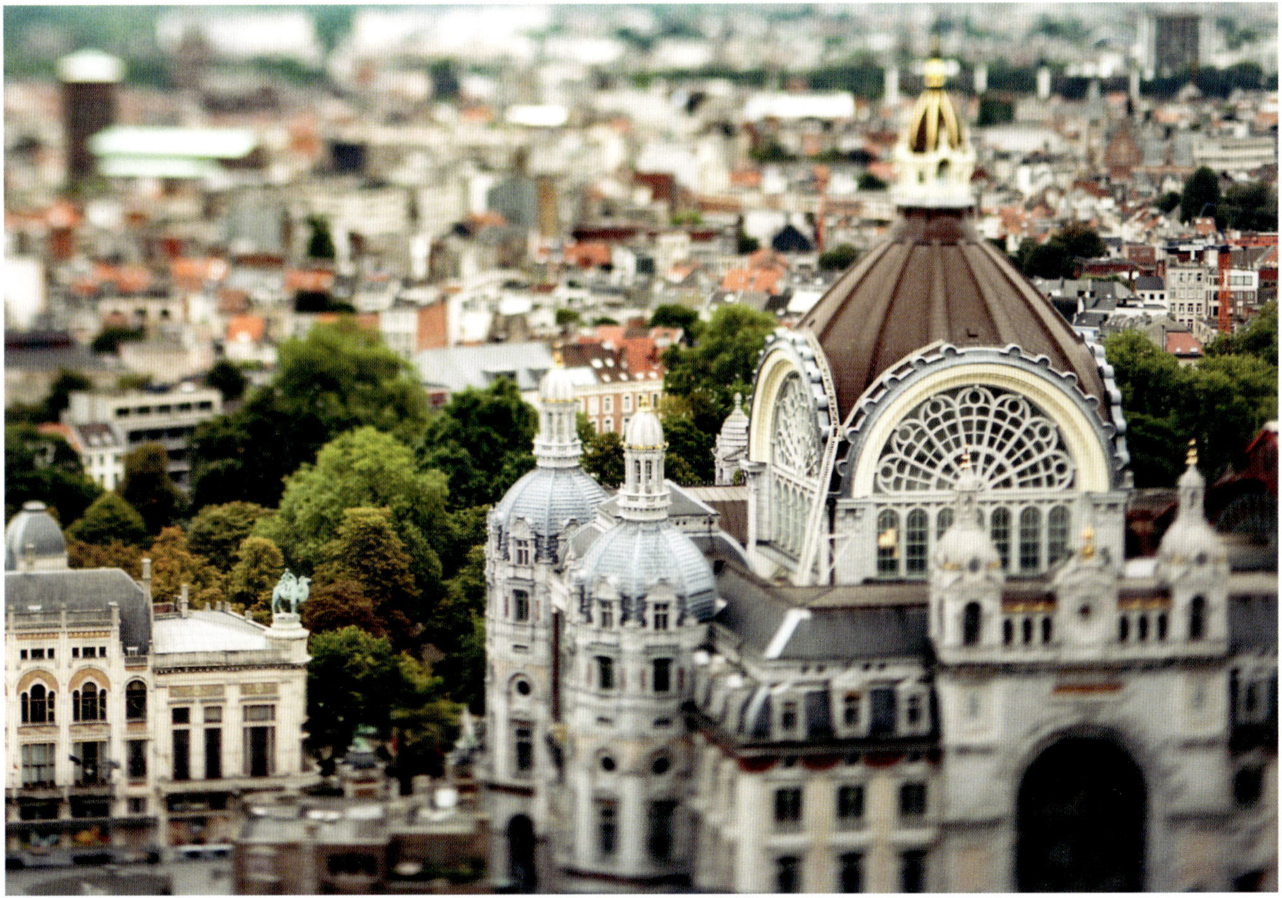

Centraal Station, Antwerpen

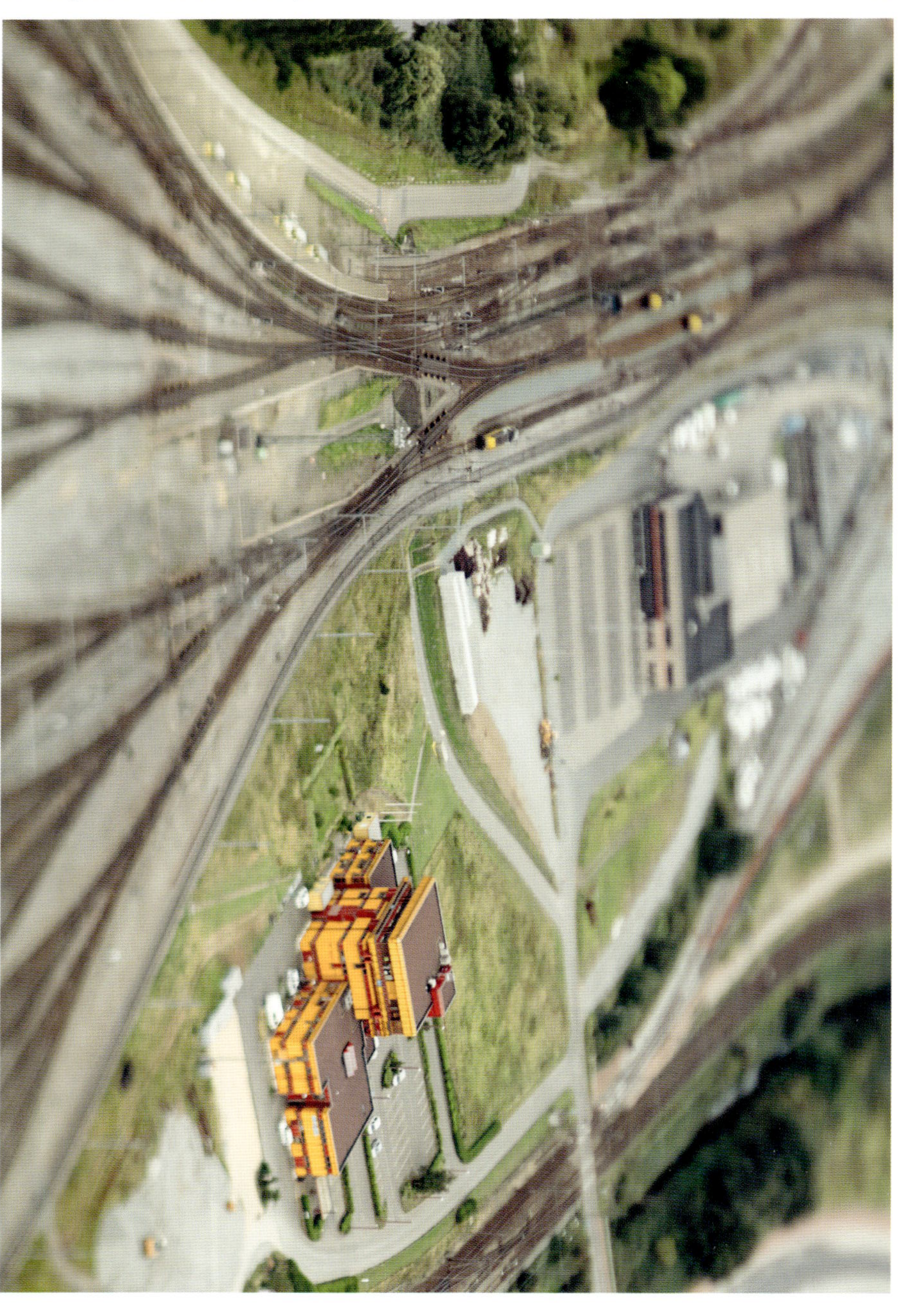

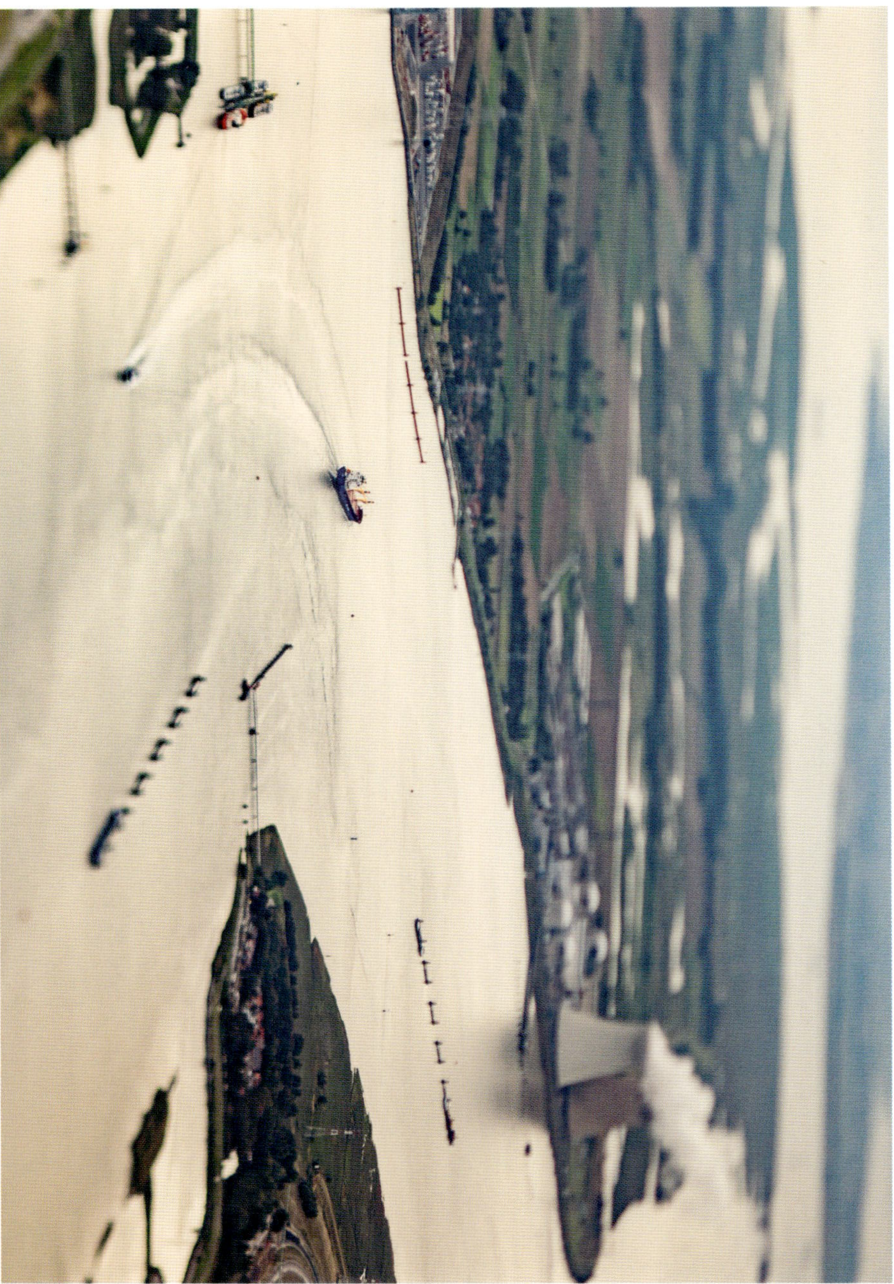

De Schelde, Doel

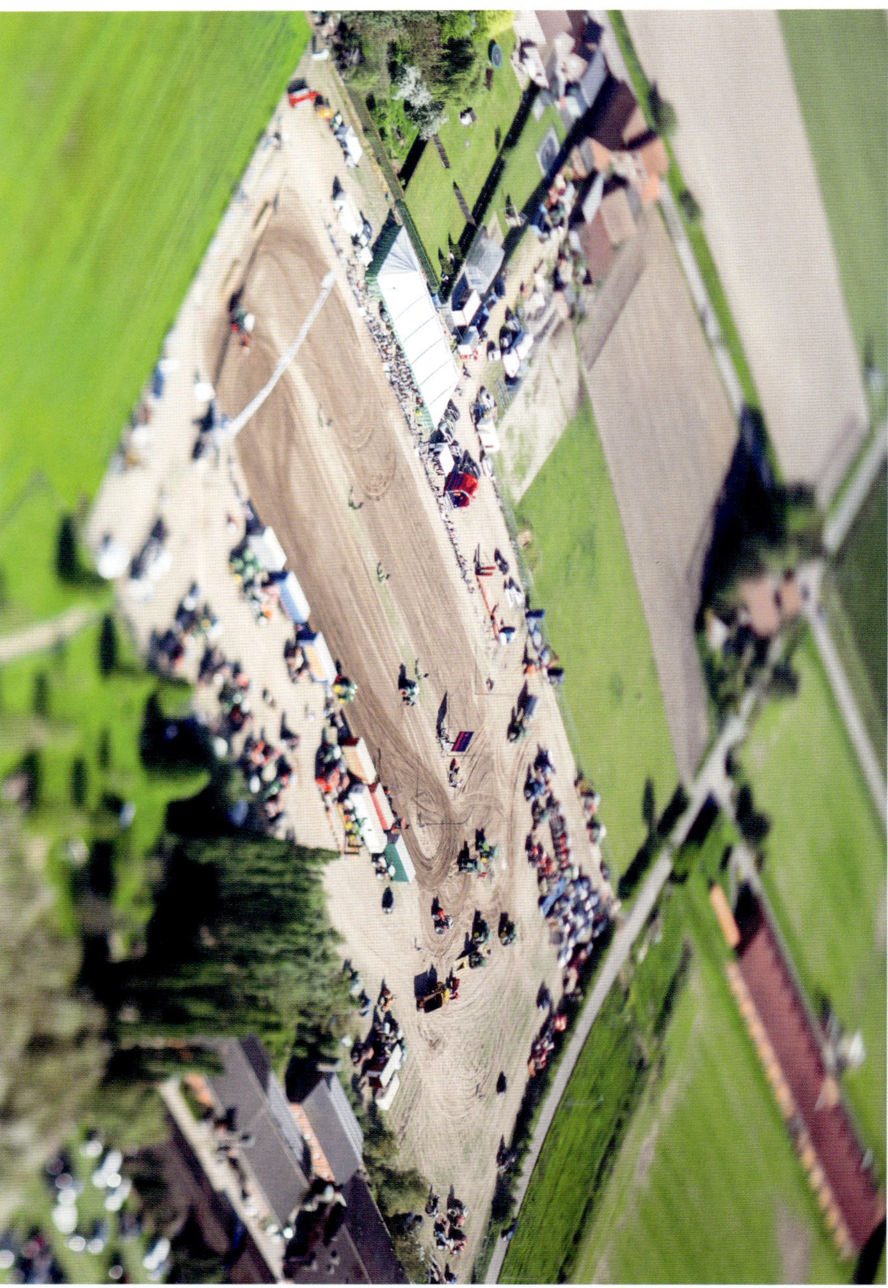

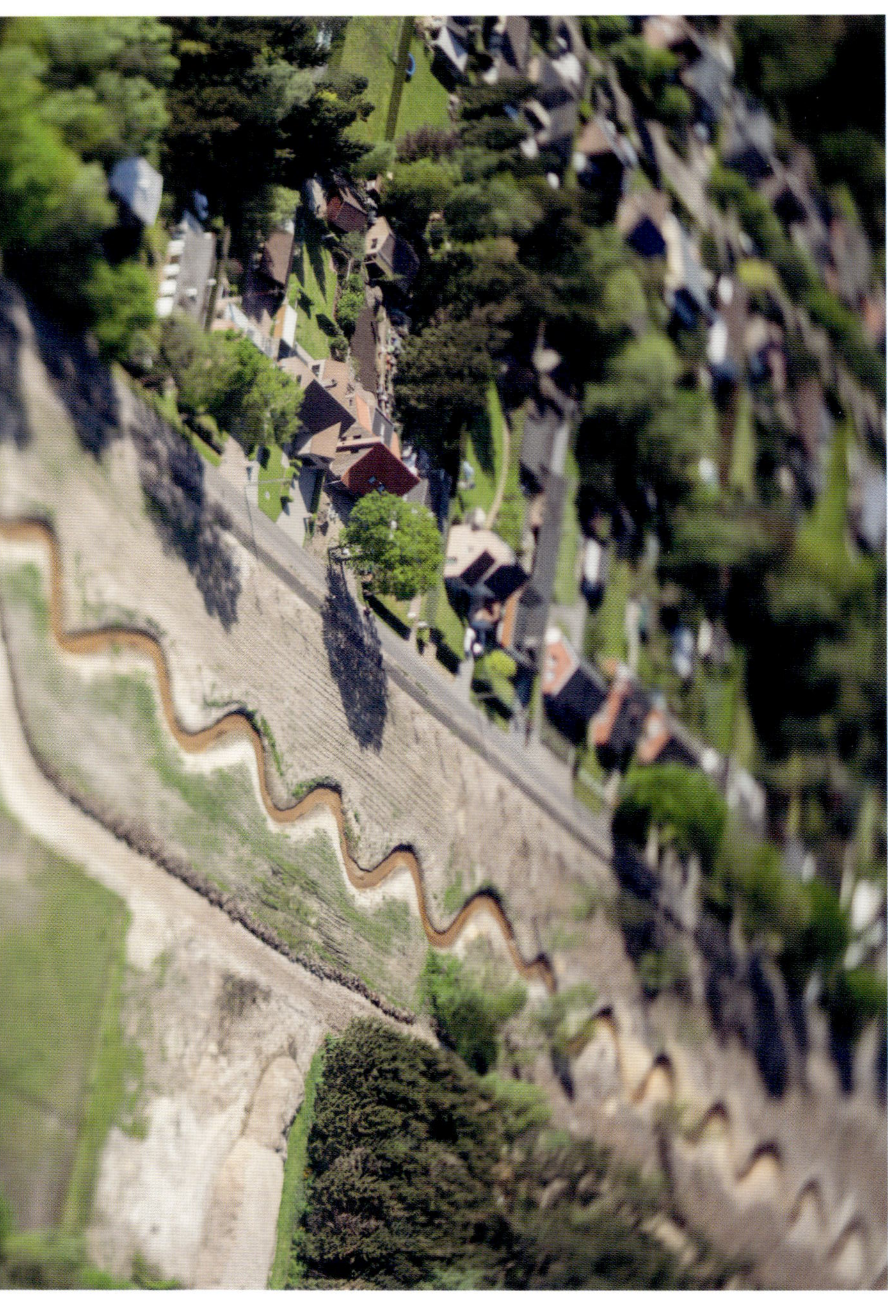

Zoersel, De Kempen

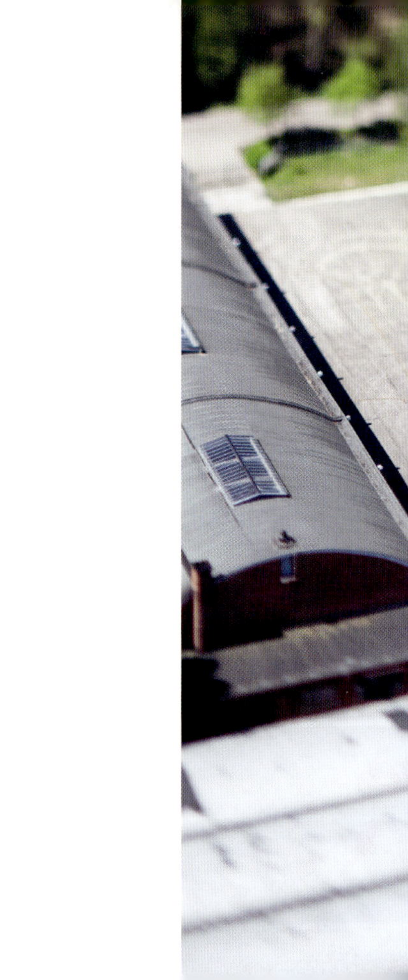

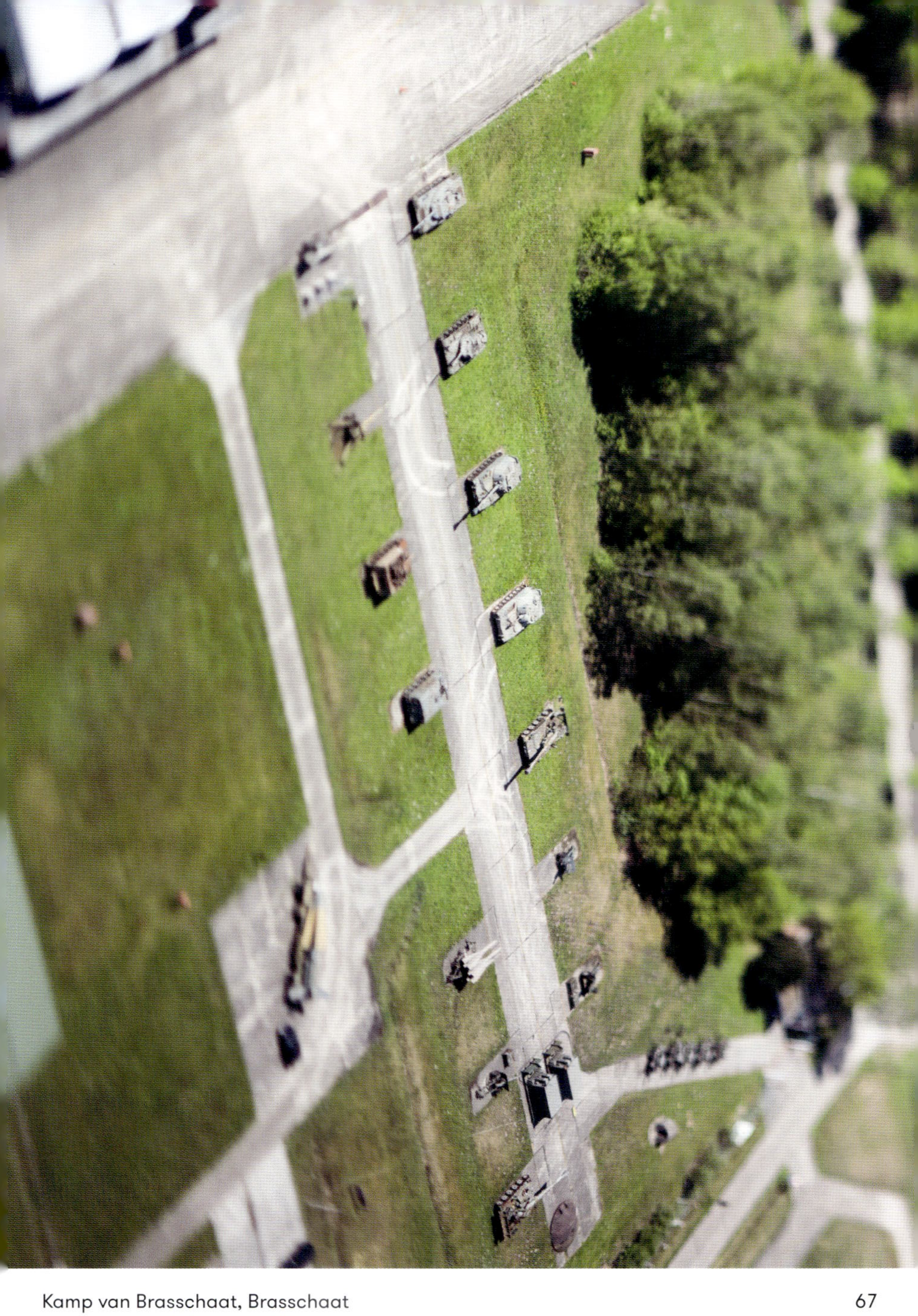

Kamp van Brasschaat, Brasschaat

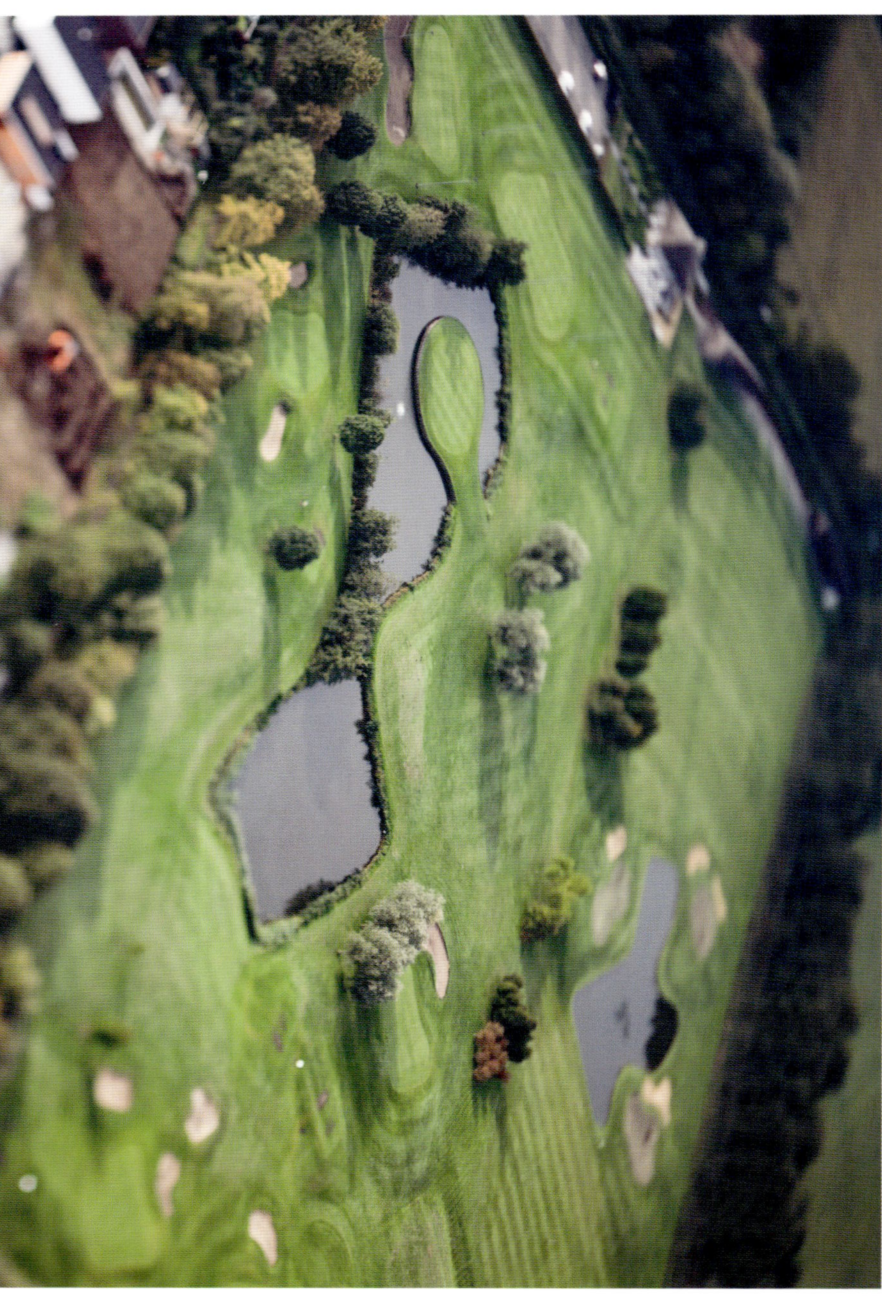

Kasteel van Marnix van Sint-Aldegonde, Bornem

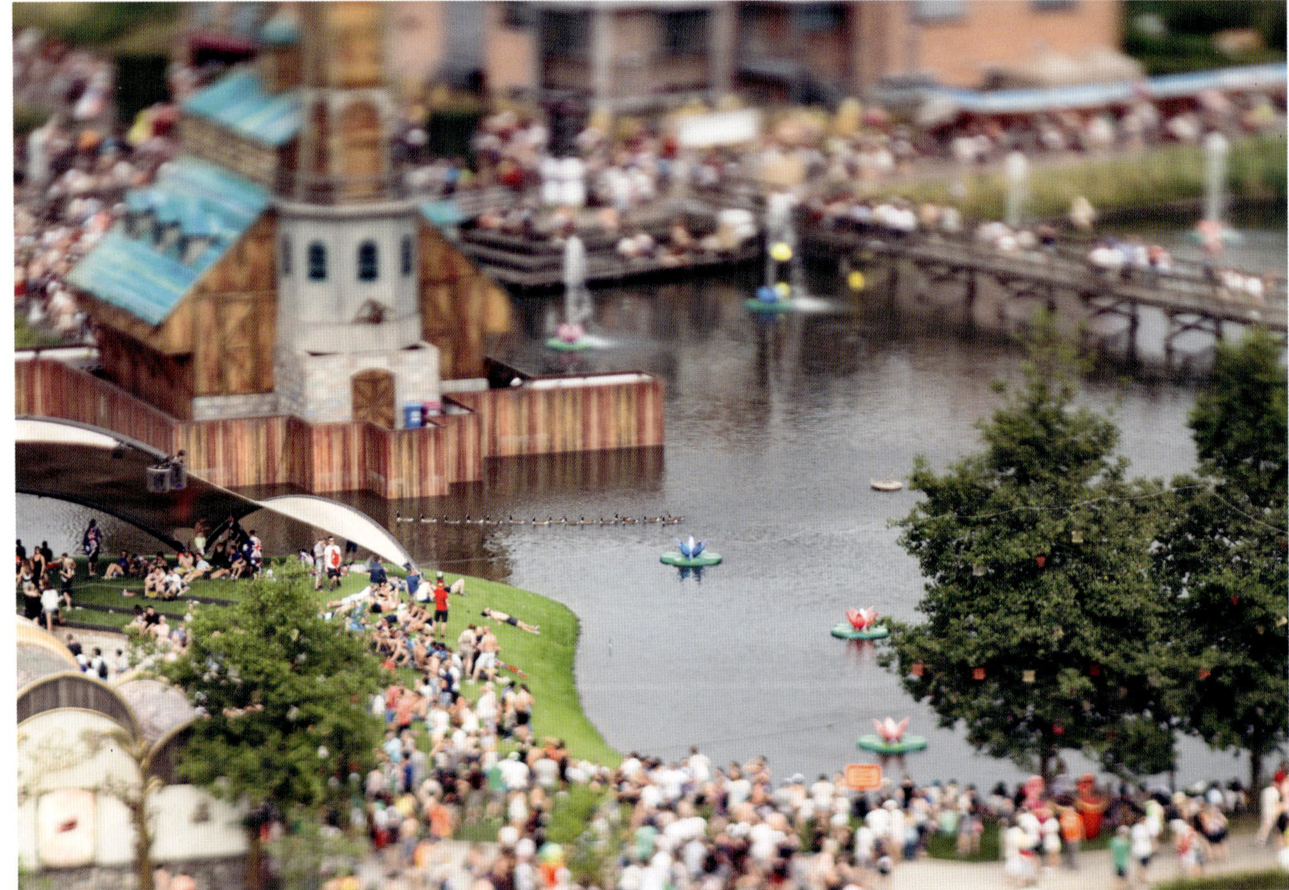

Tomorrowland, Boom

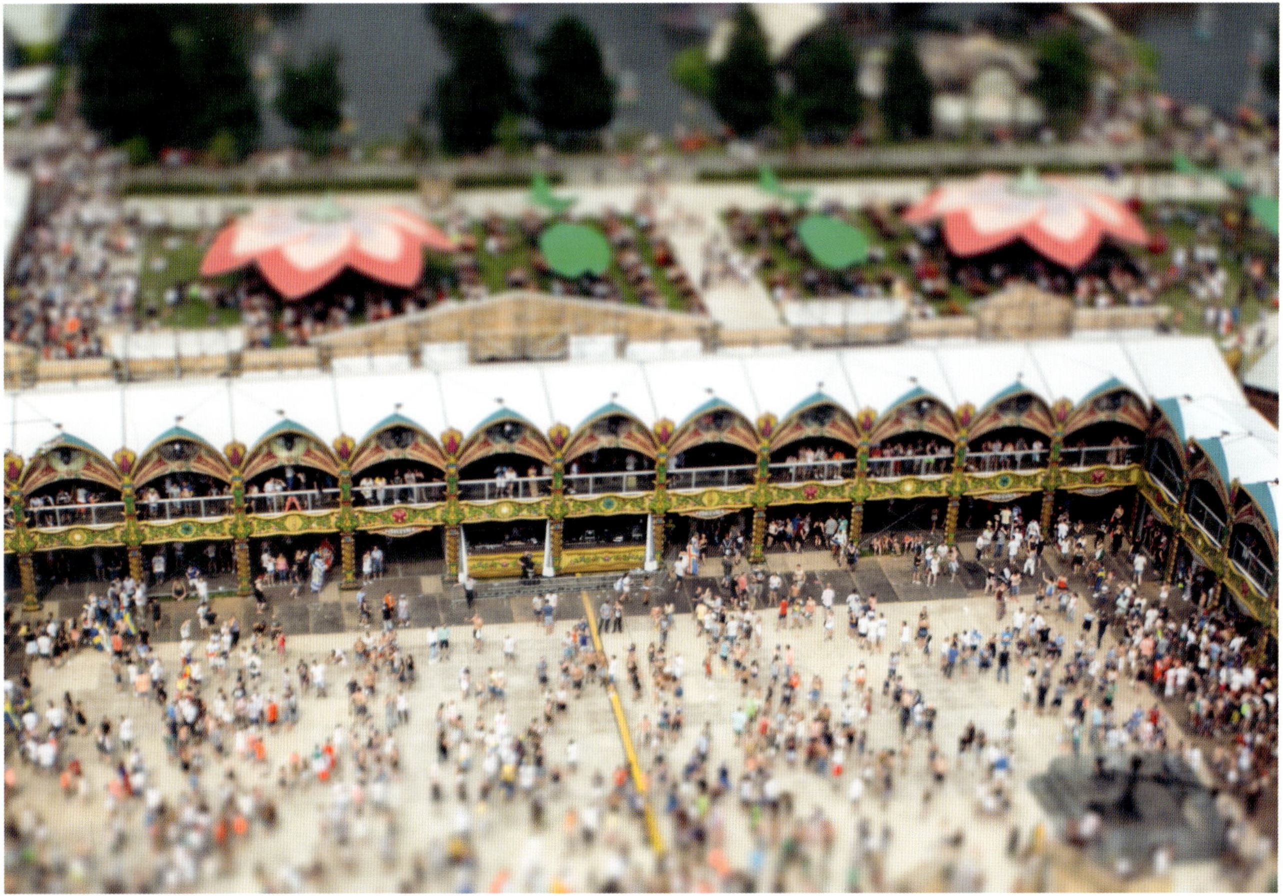

Tomorrowland, Boom

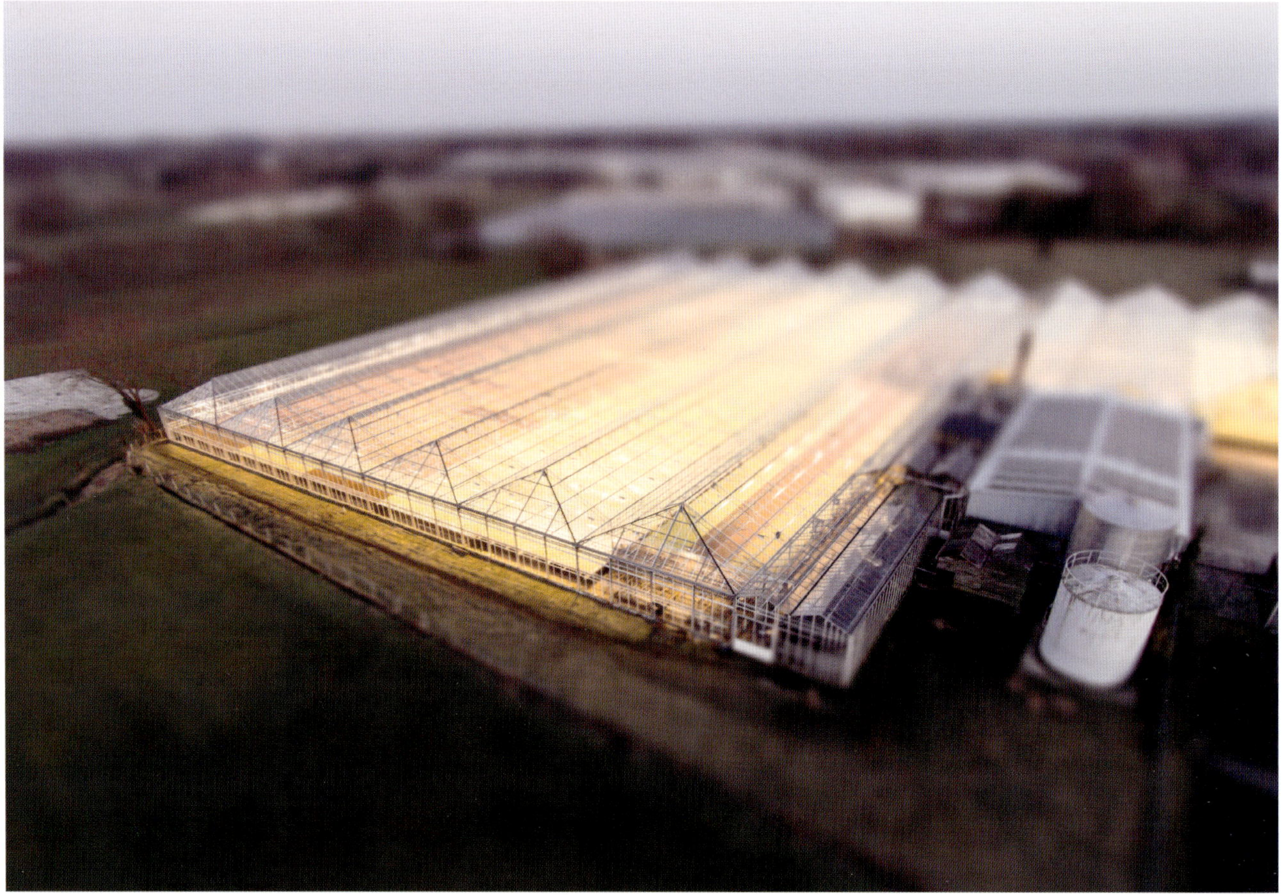

Sint-Kathelijne-Waver

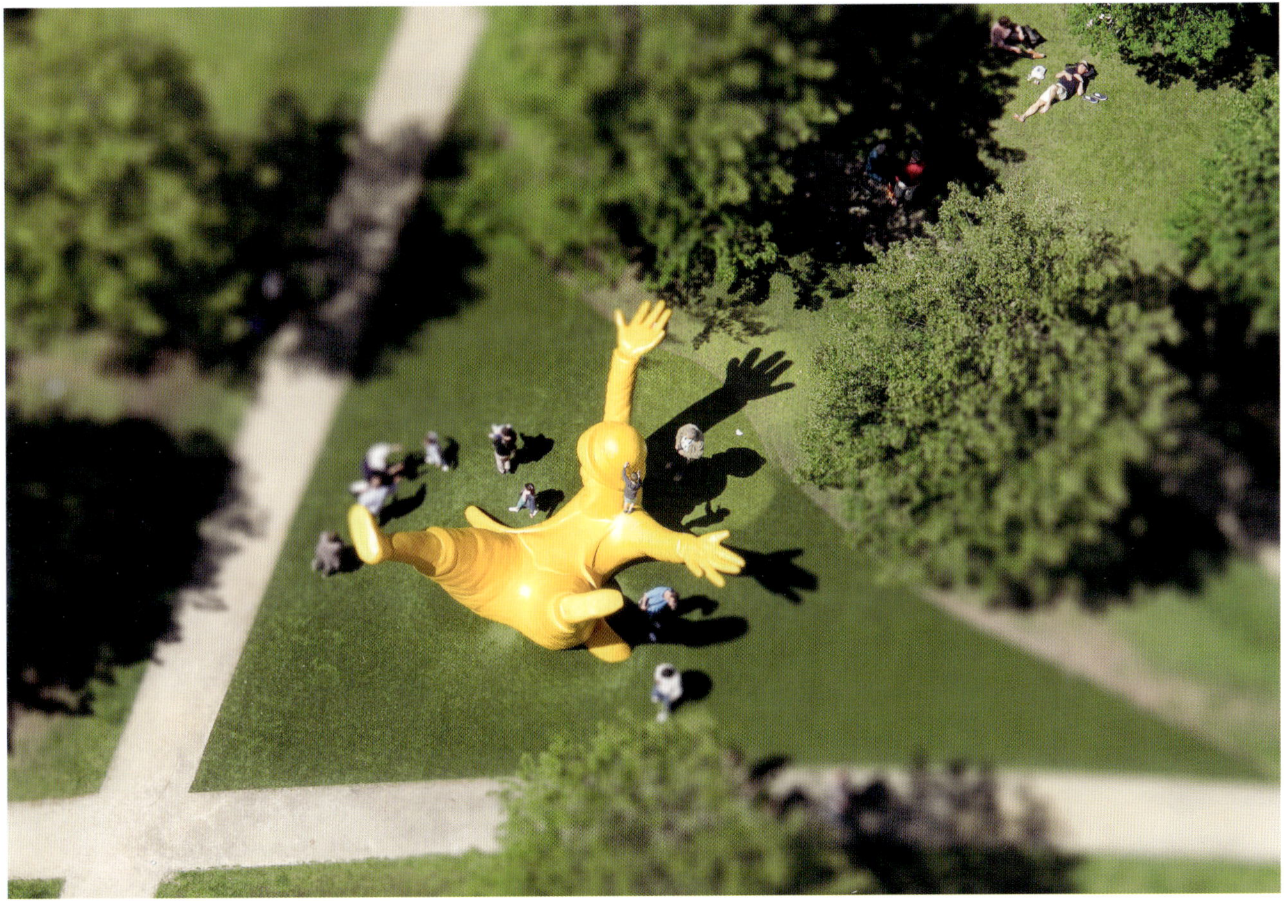

Sint-Romboutskerkhof, Mechelen

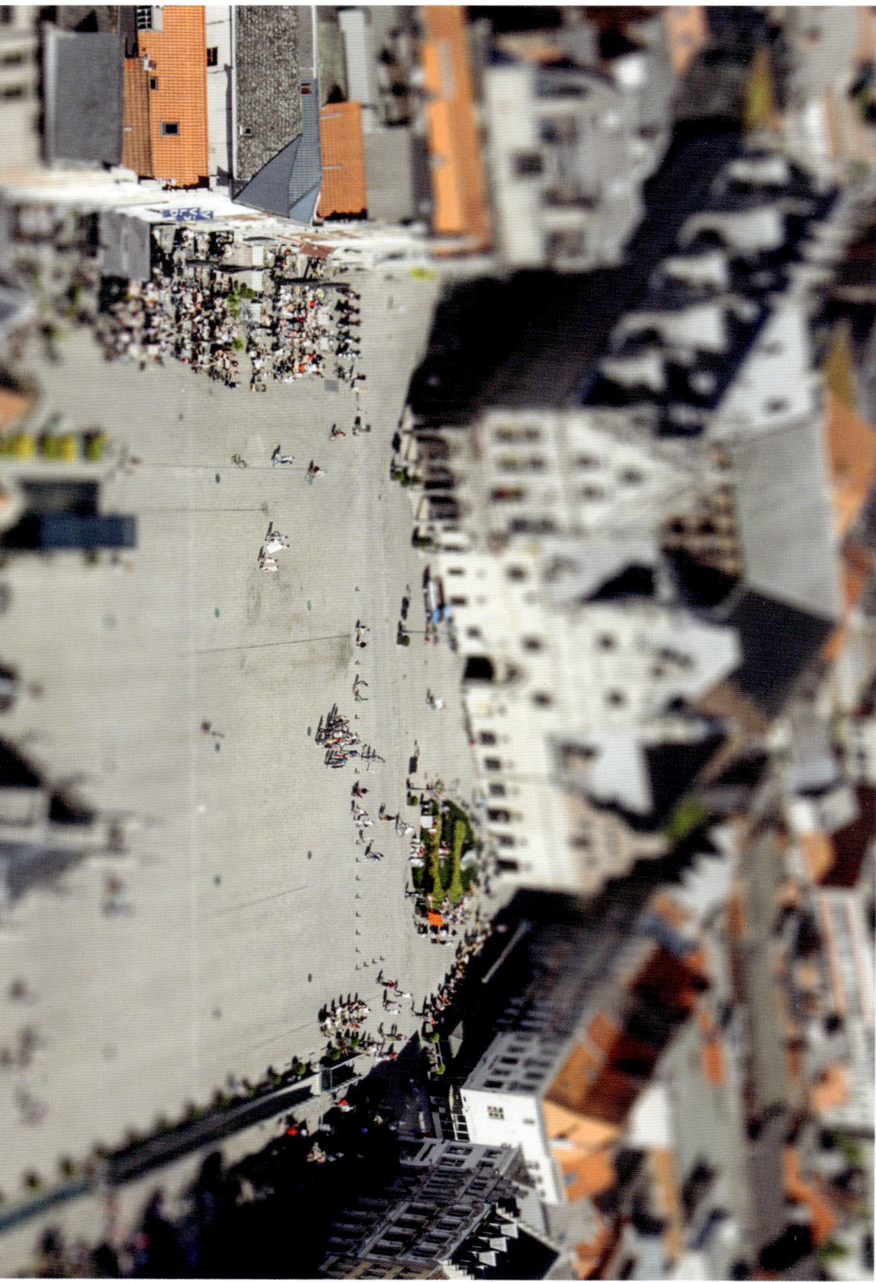

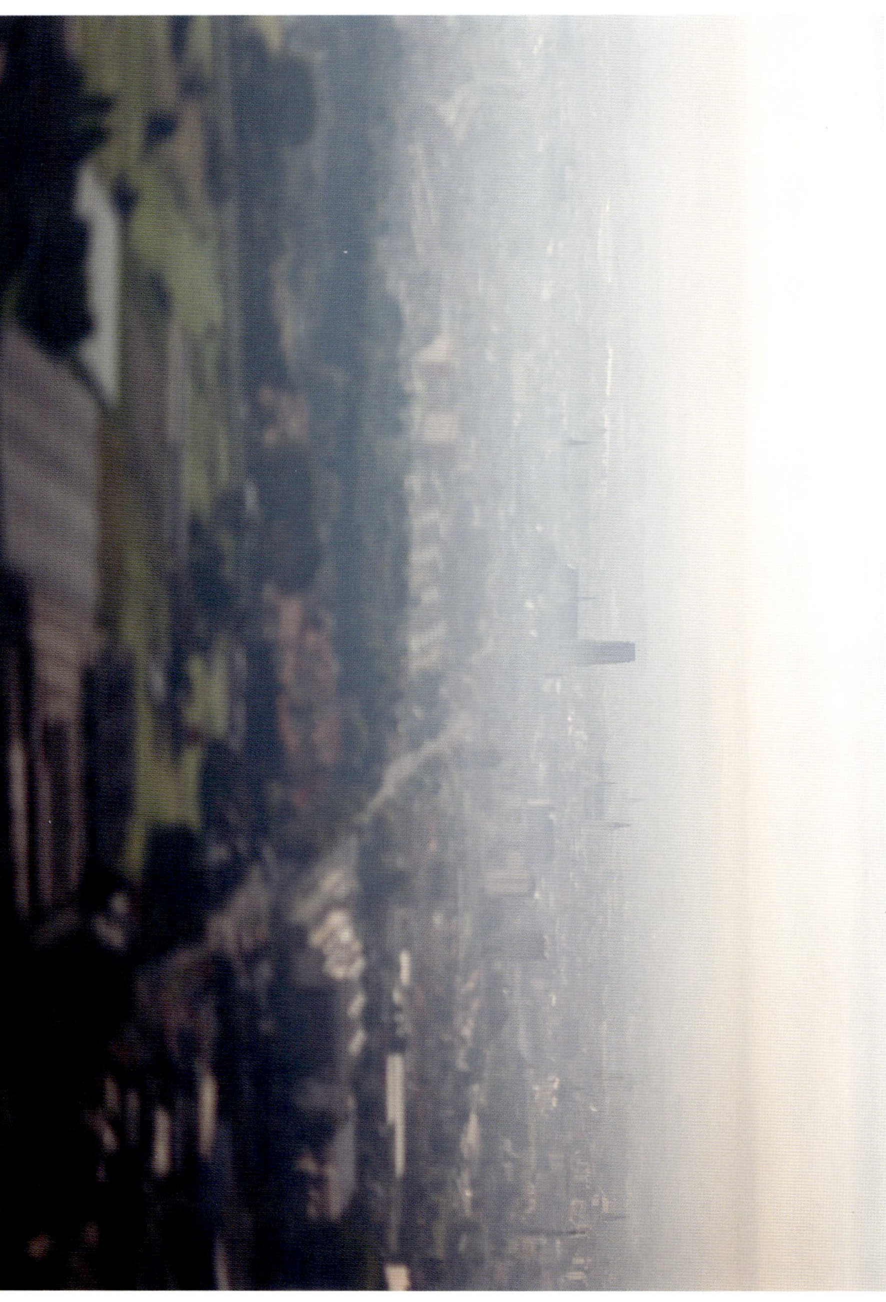

Mechelen

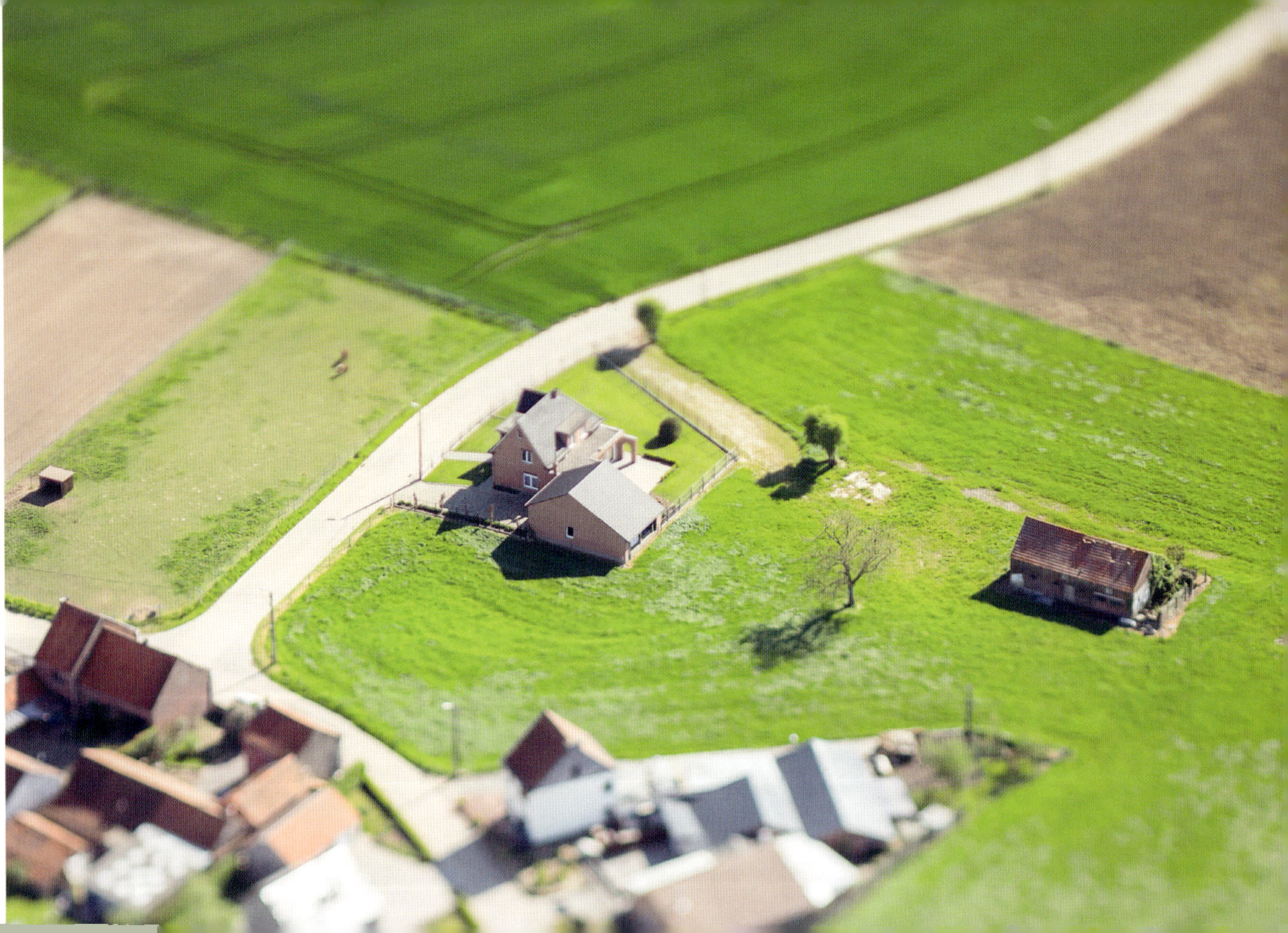

*We shape our buildings;
thereafter they shape us.*

Winston Churchill, British politician

Totem, Jan Fabre, Leuven

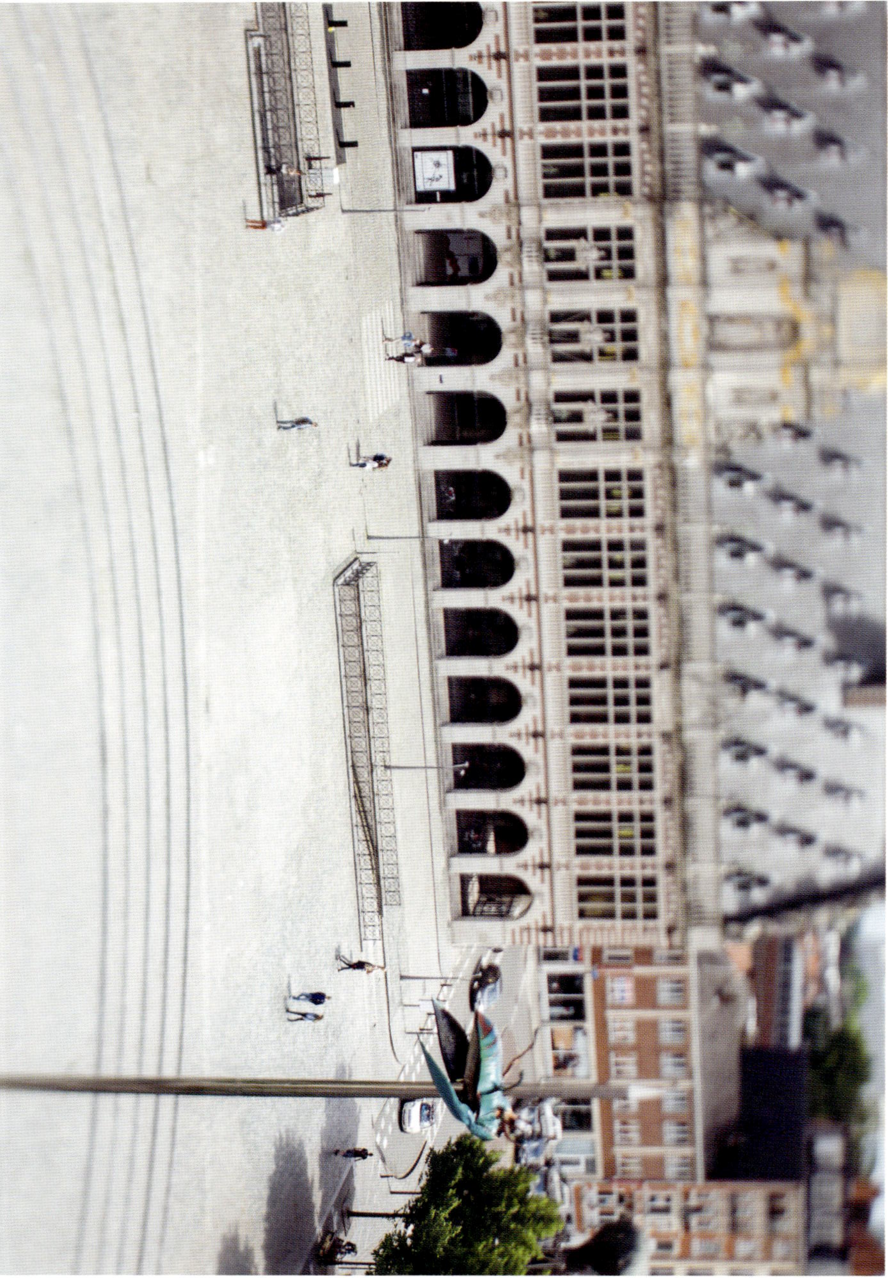

Rock Werchter, Werchter

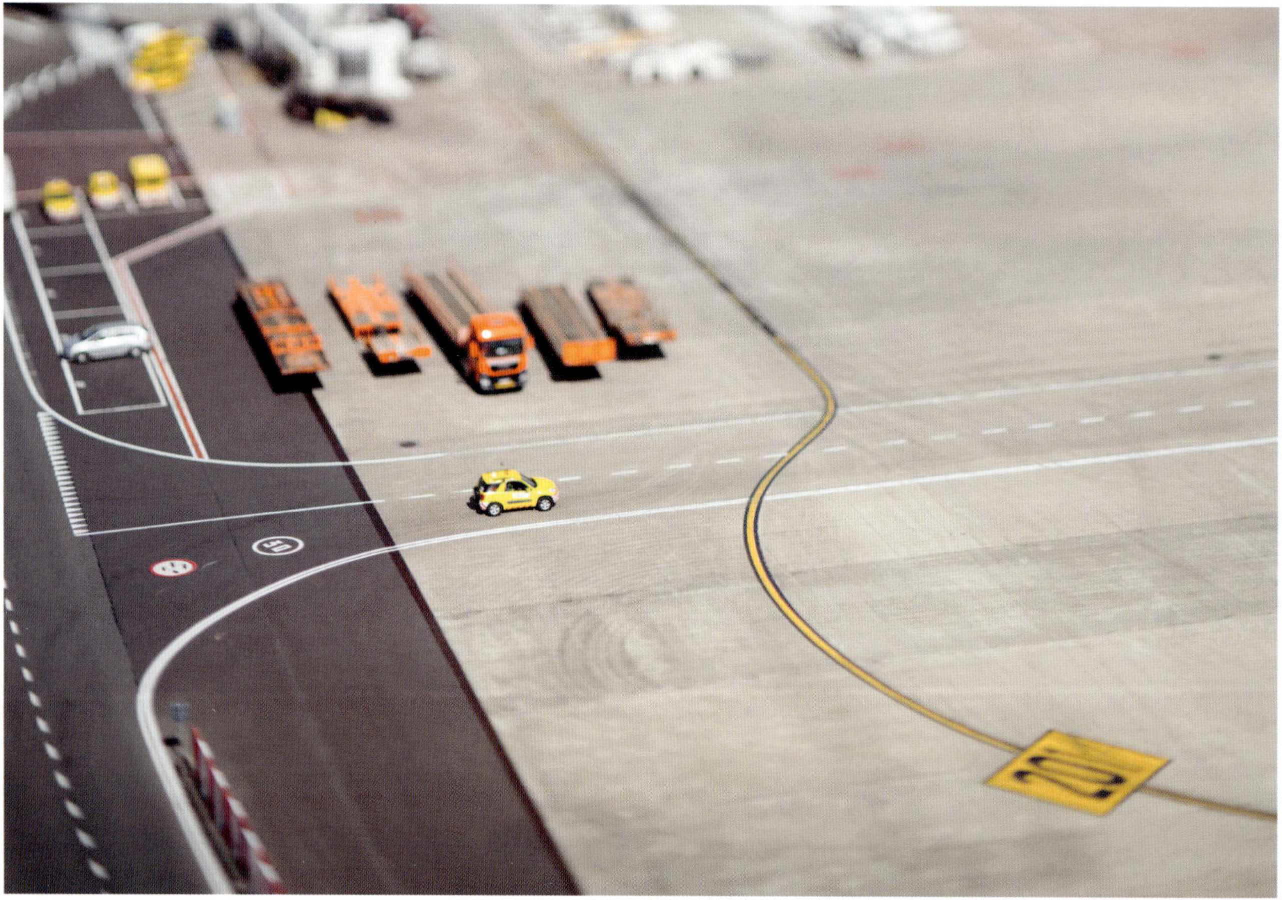

Brussels Airport, Zaventem

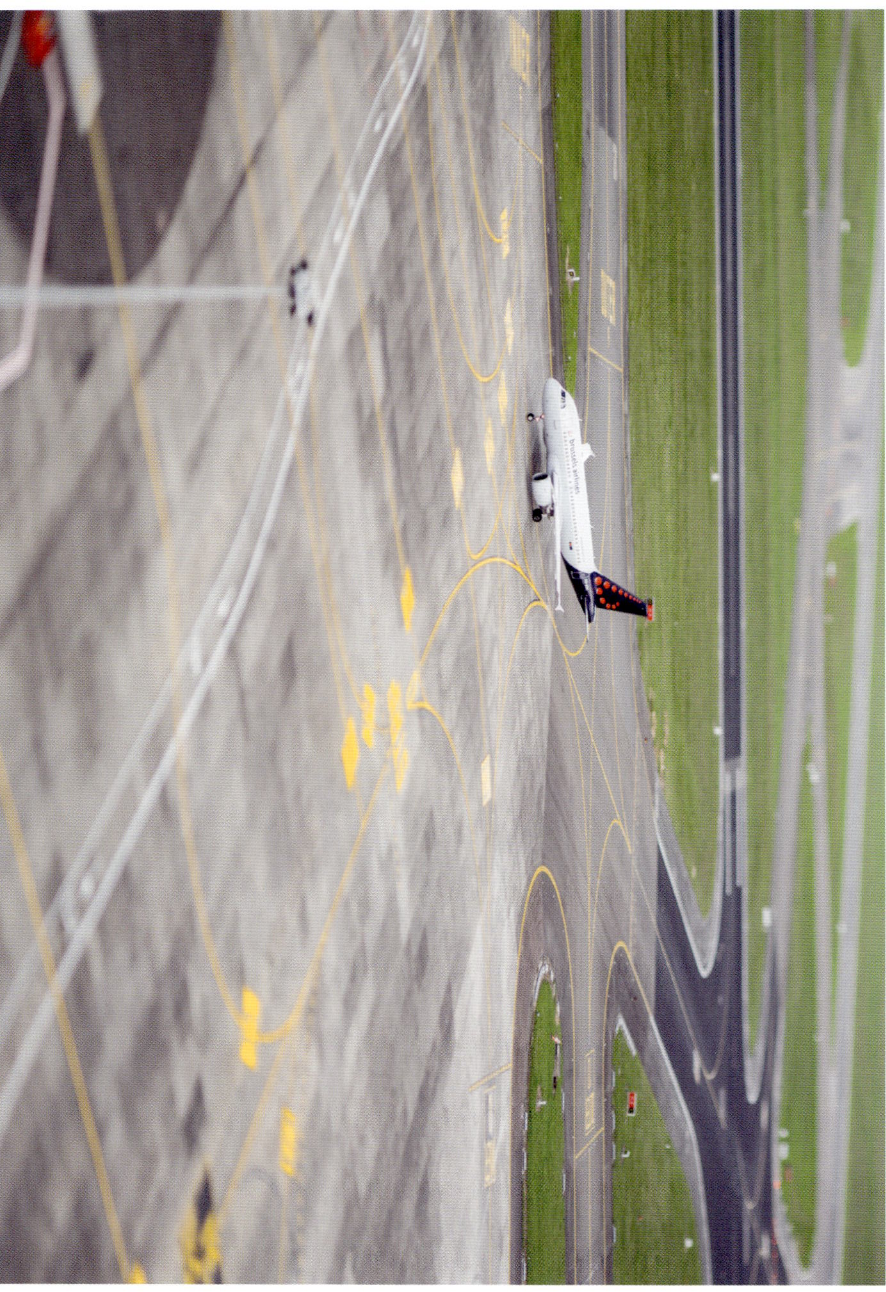

Brussels Airport, Zaventem

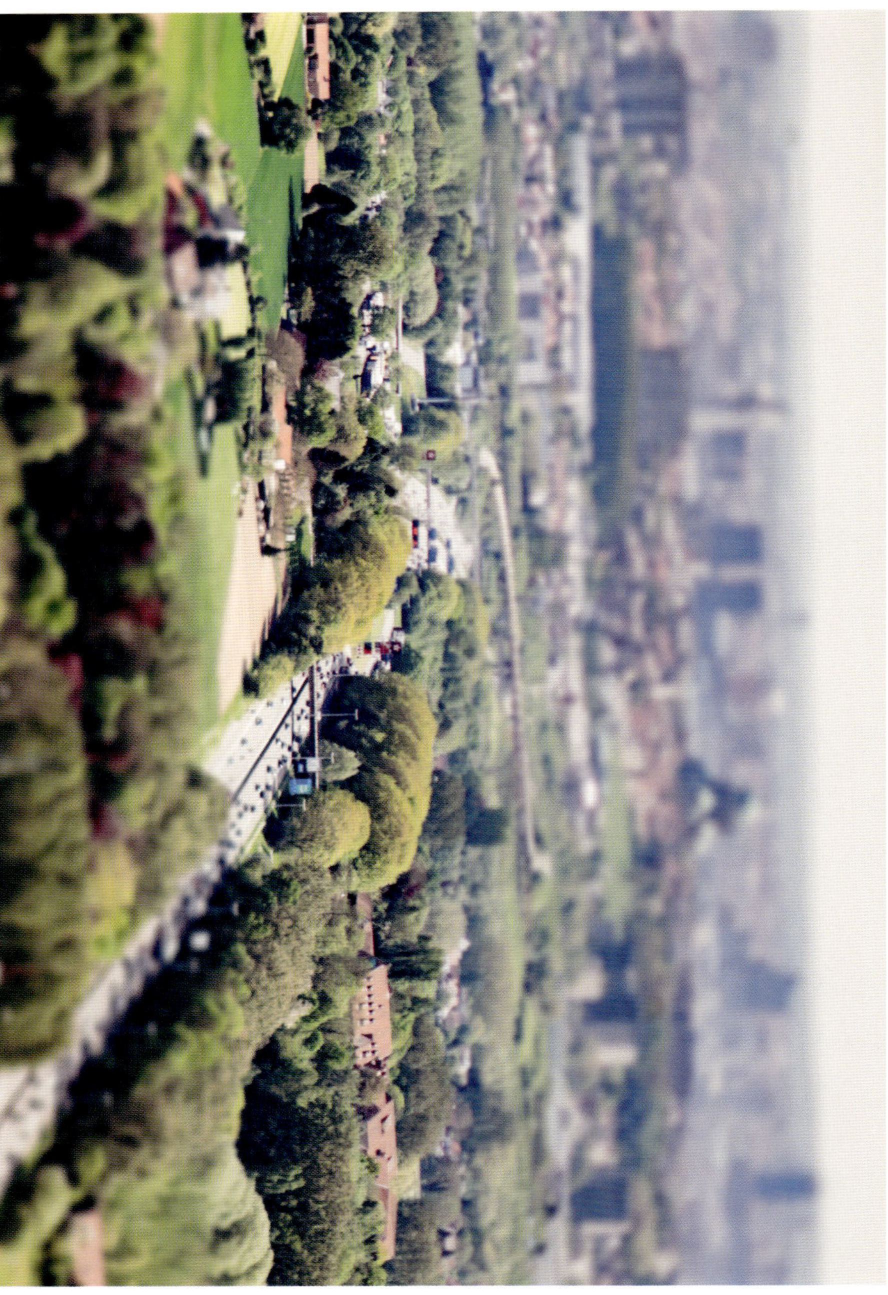

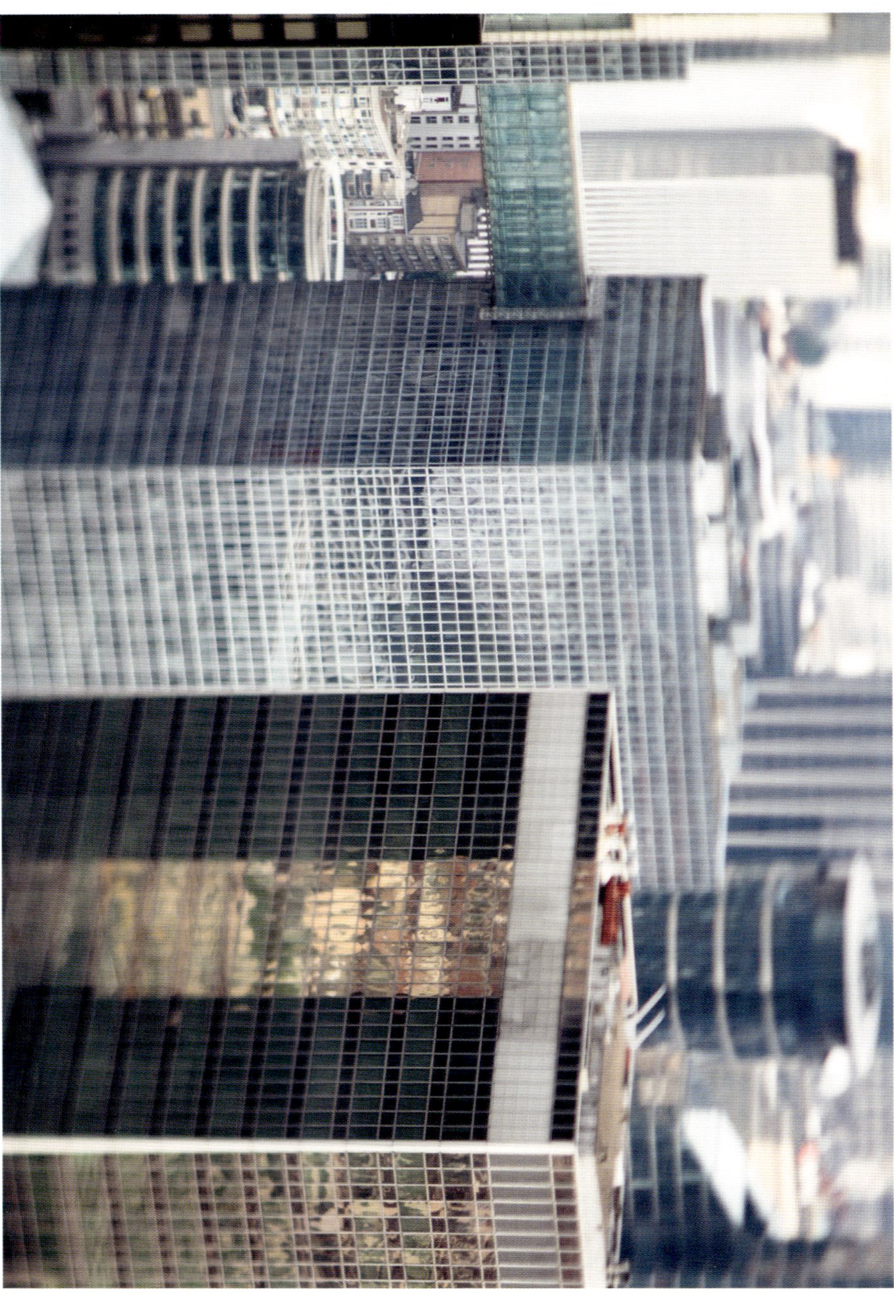

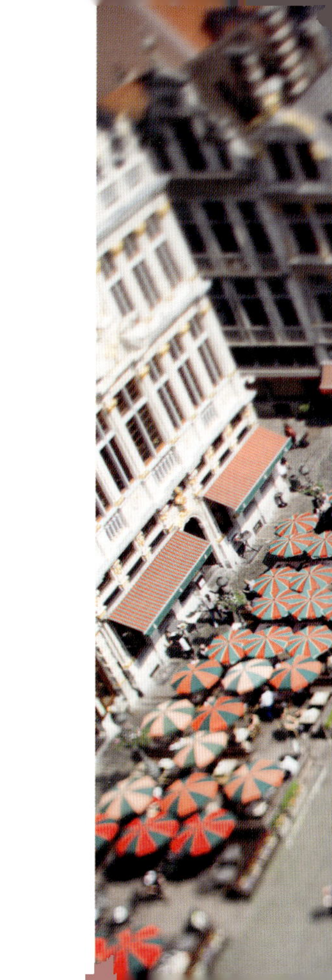

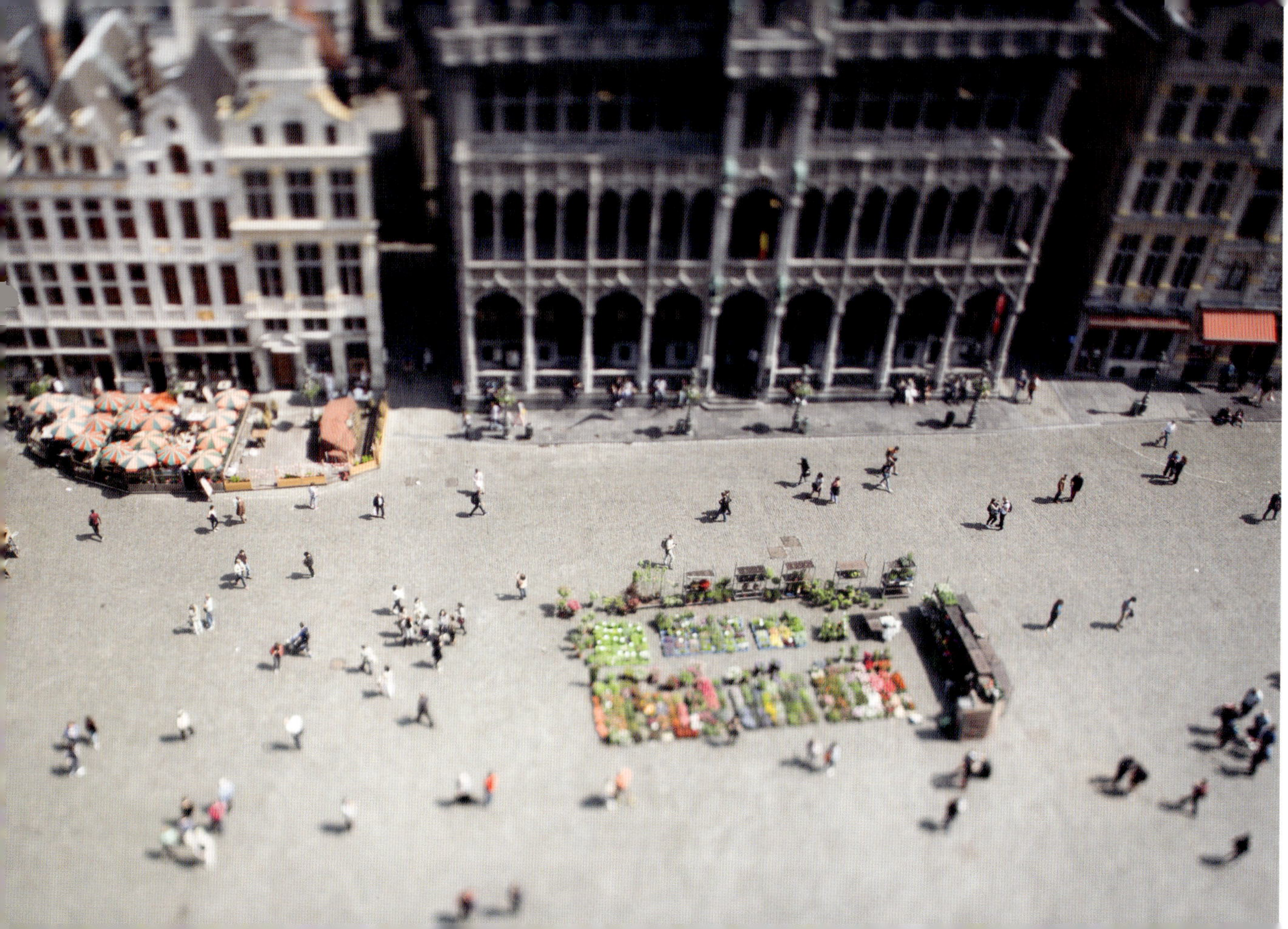

Grote Markt, Brussel/Grand Place, Bruxelles

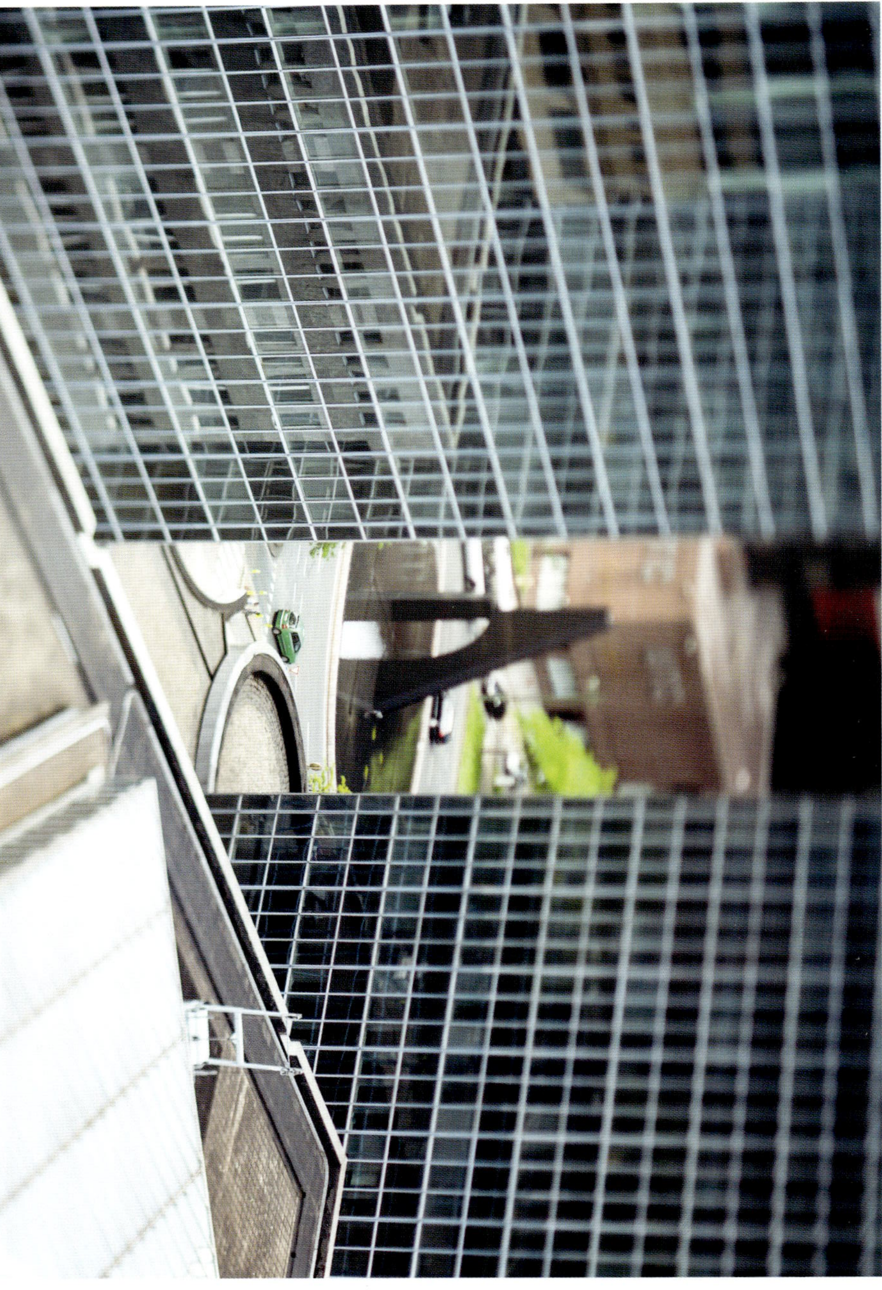

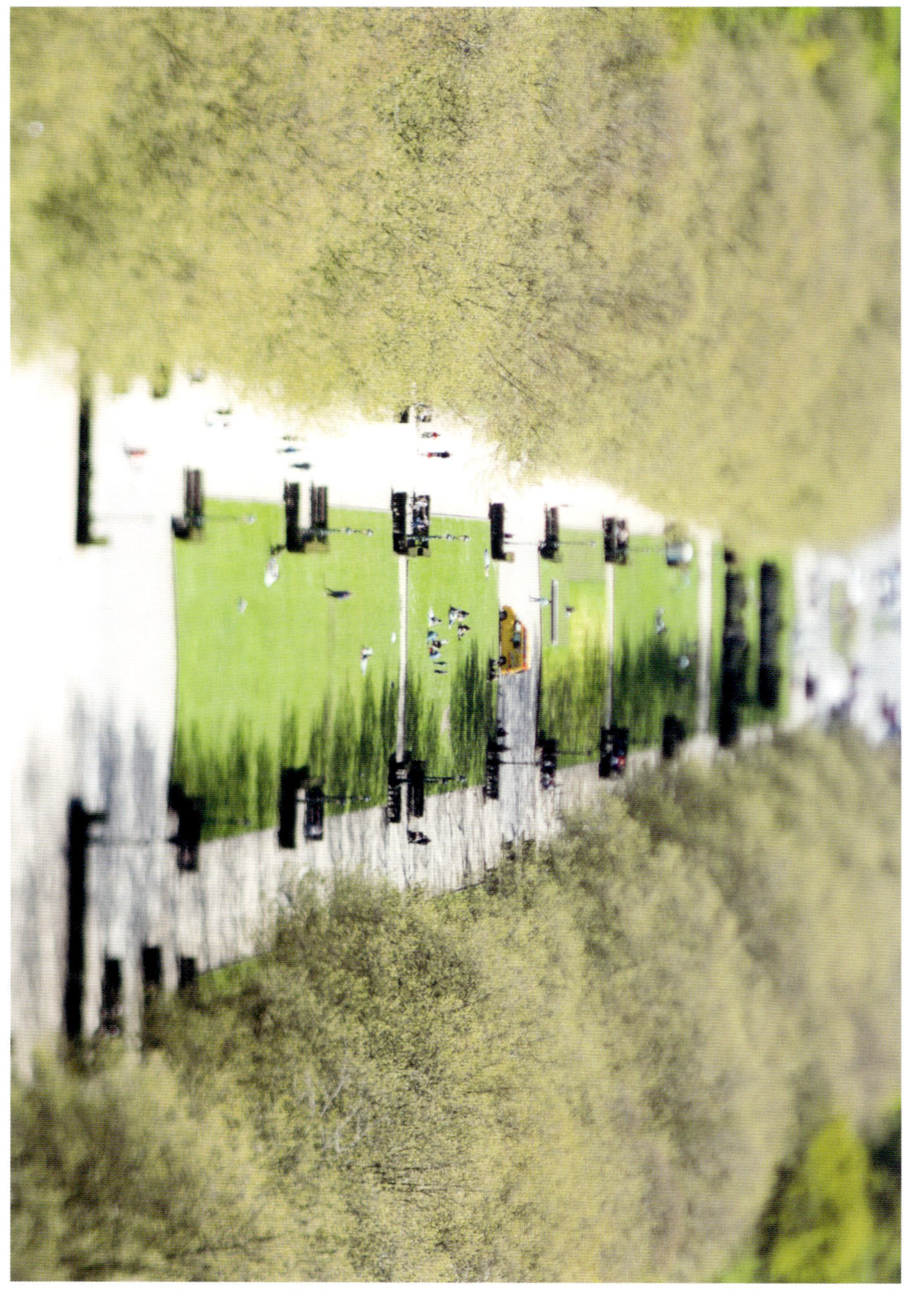

Warandepark, Brussel/Parc de Bruxelles, Bruxelles

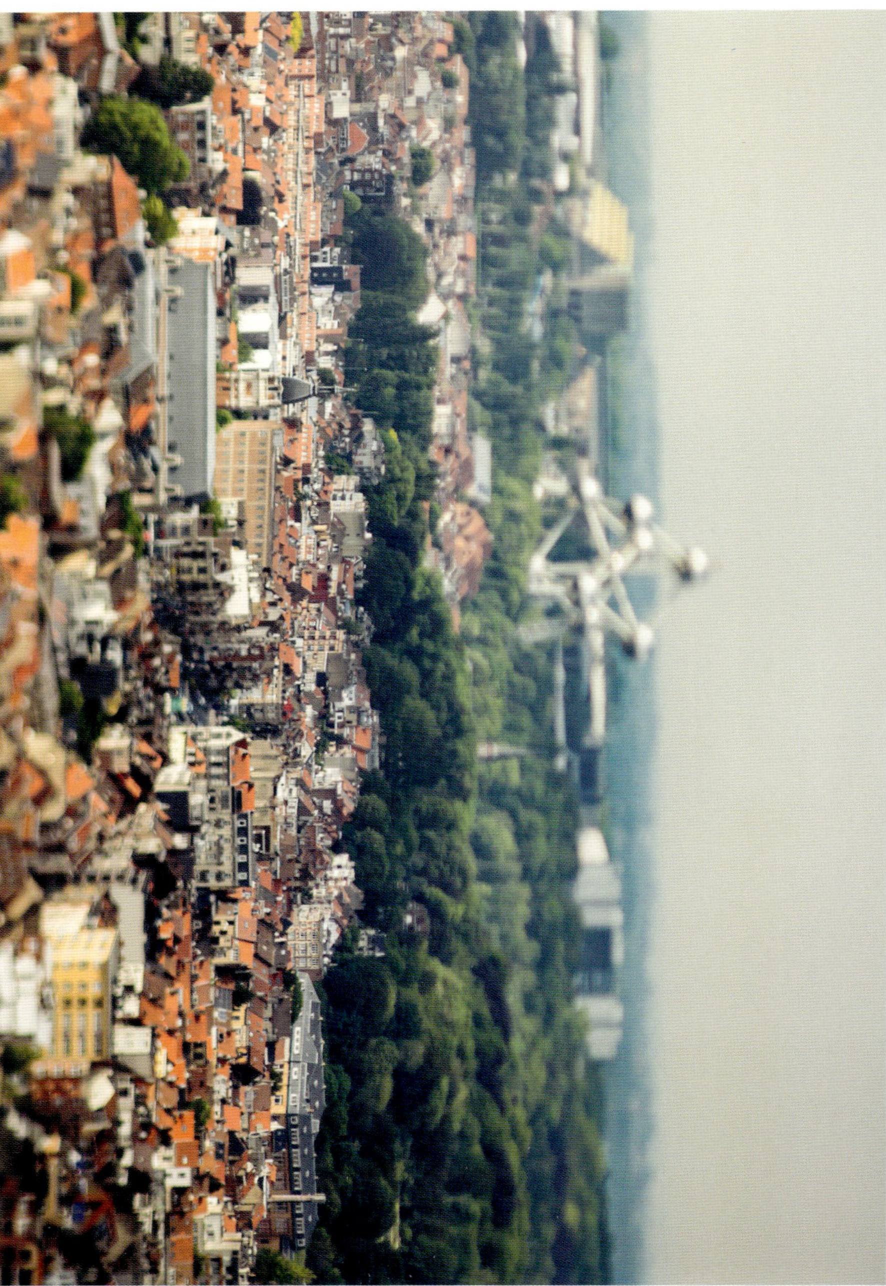

Brussel/Bruxelles

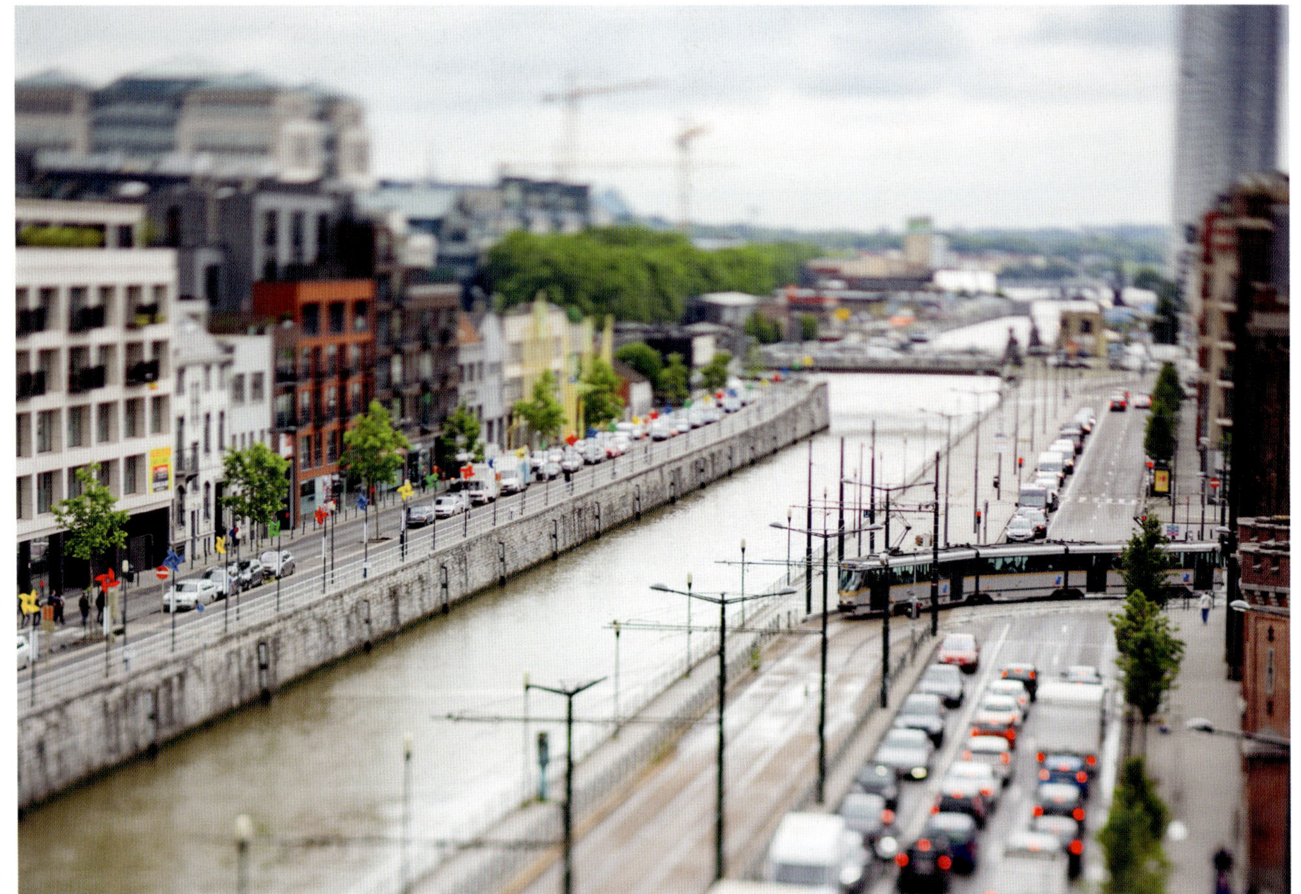

Kanaalzone, Brussel/Zone du Canal, Bruxelles

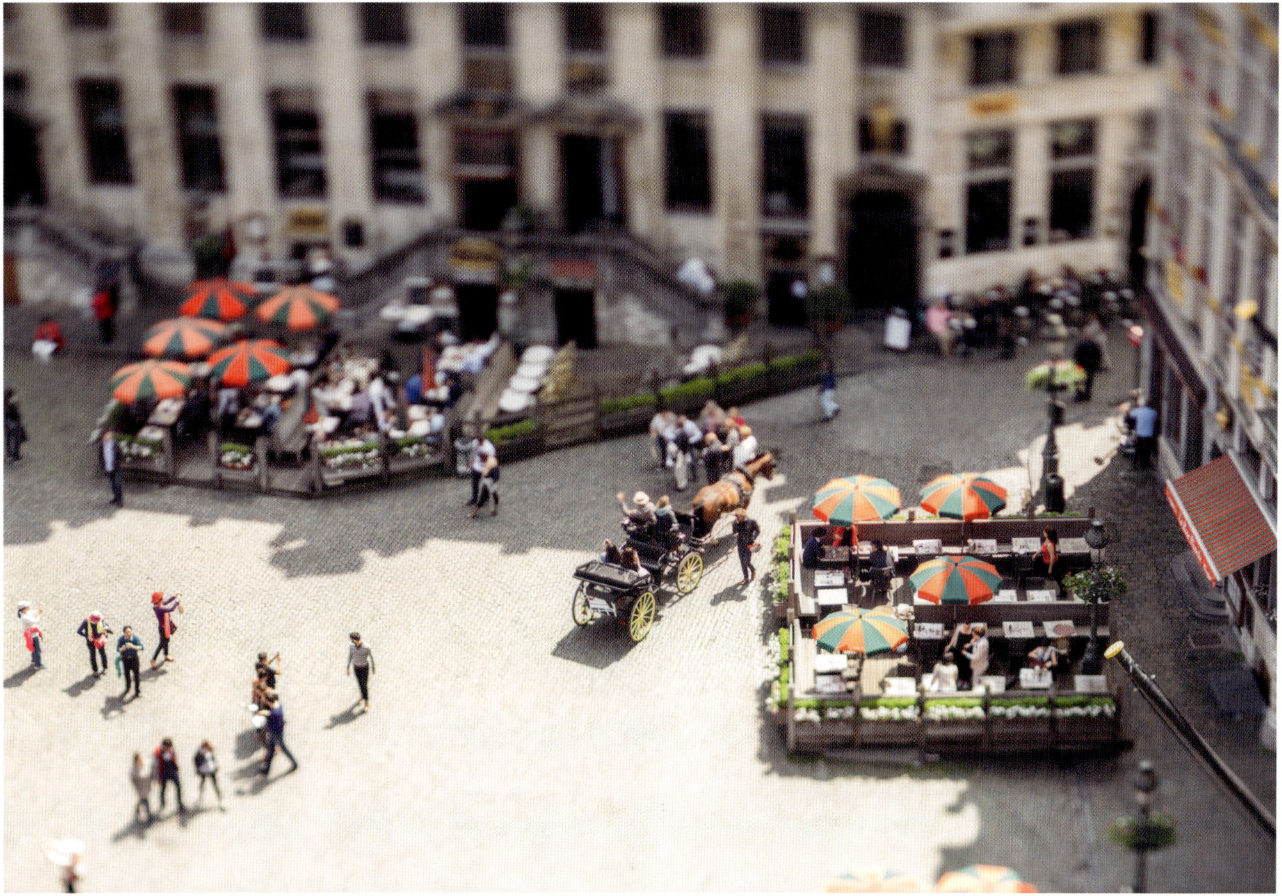

Grote Markt, Brussel/Grand Place, Bruxelles

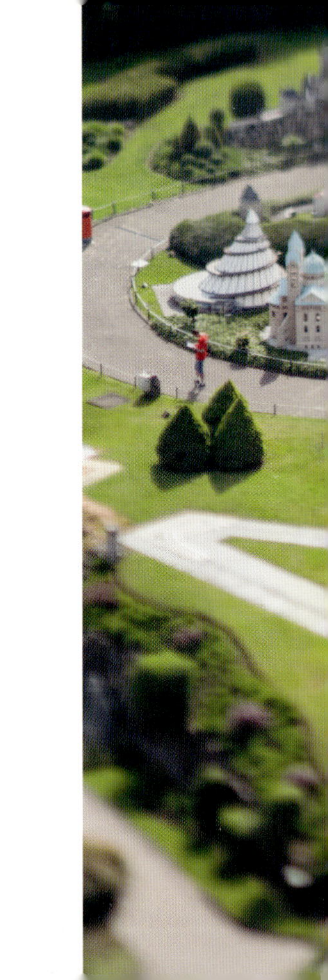

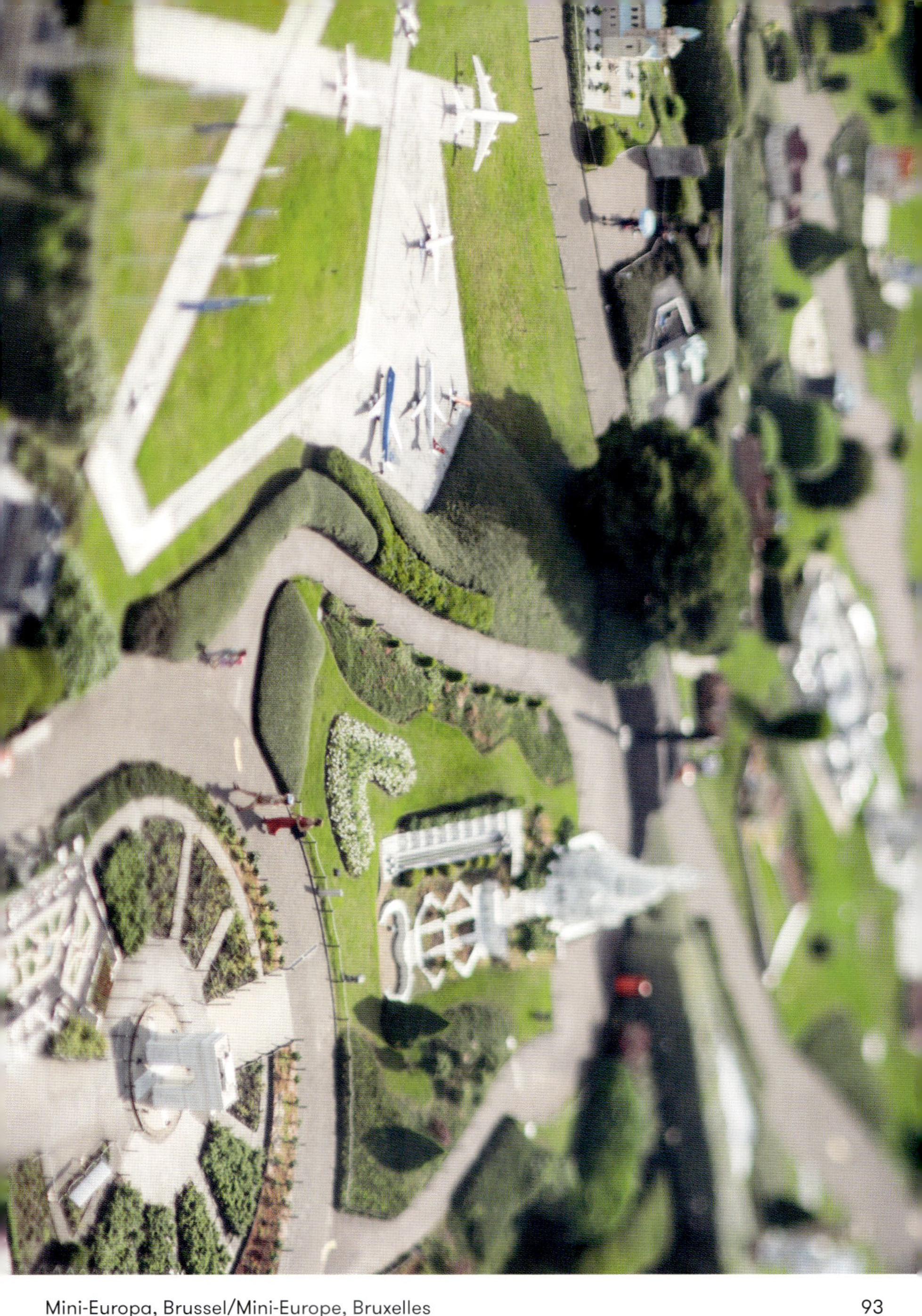

Mini-Europa, Brussel/Mini-Europe, Bruxelles

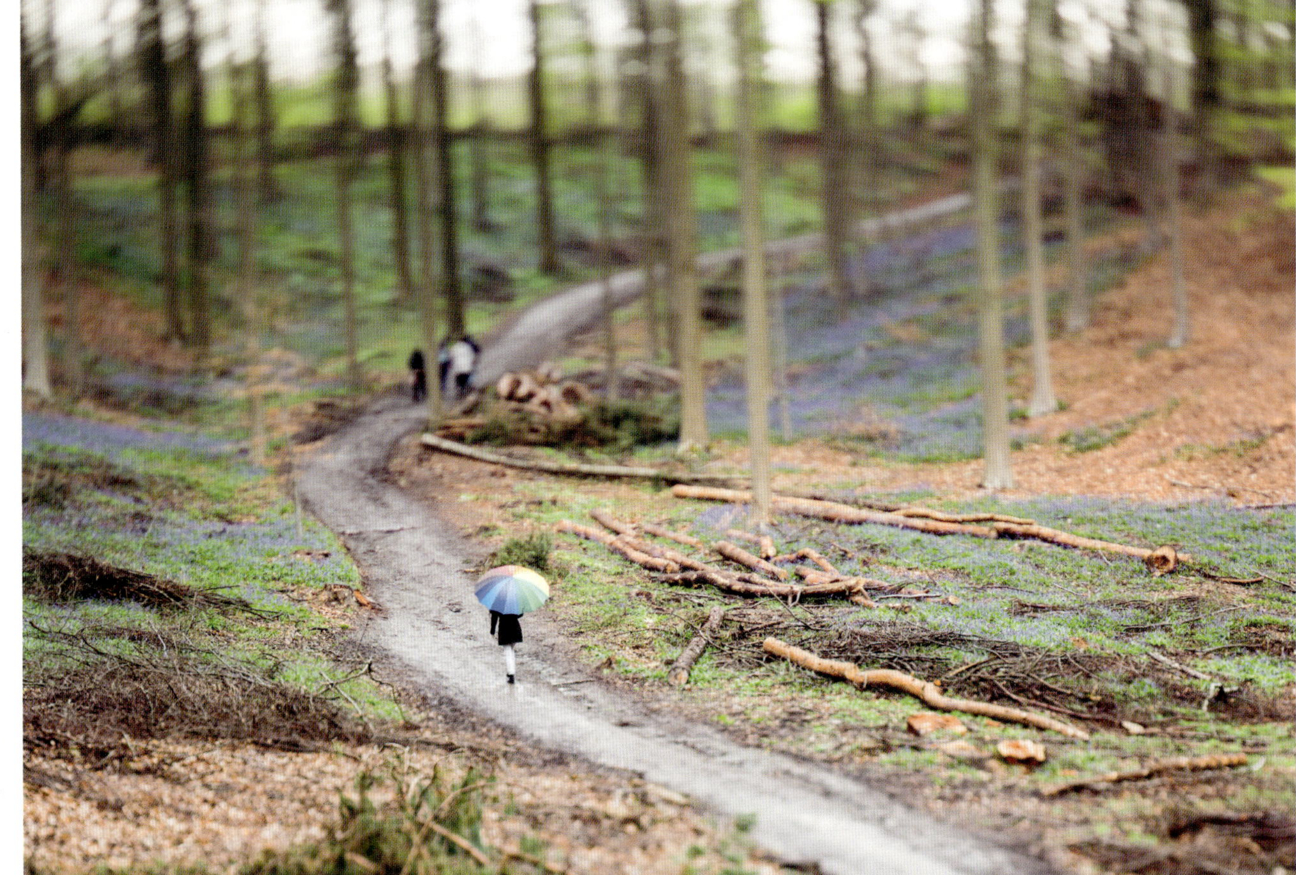

Hallerbos, Halle

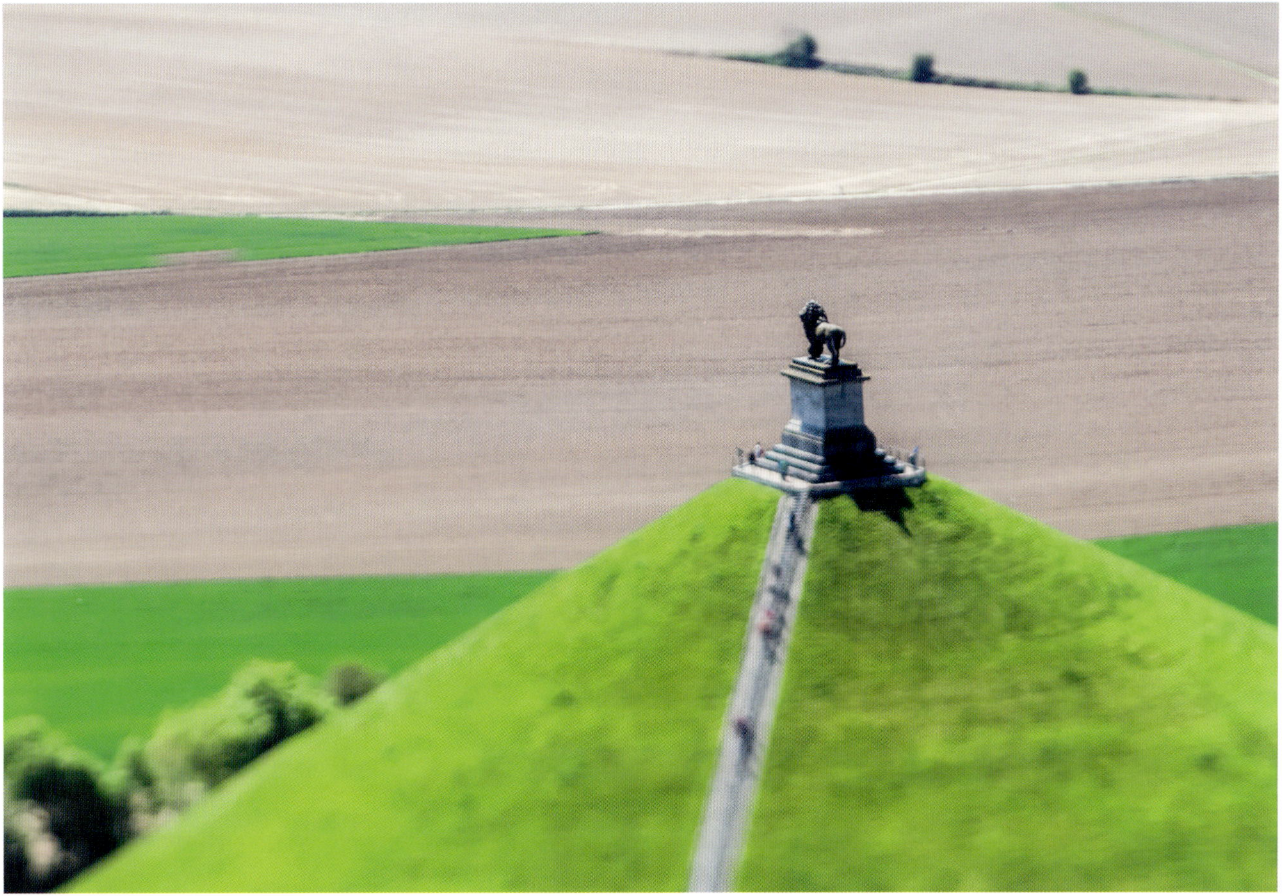

Butte du Lion, Braine-l'Alleud

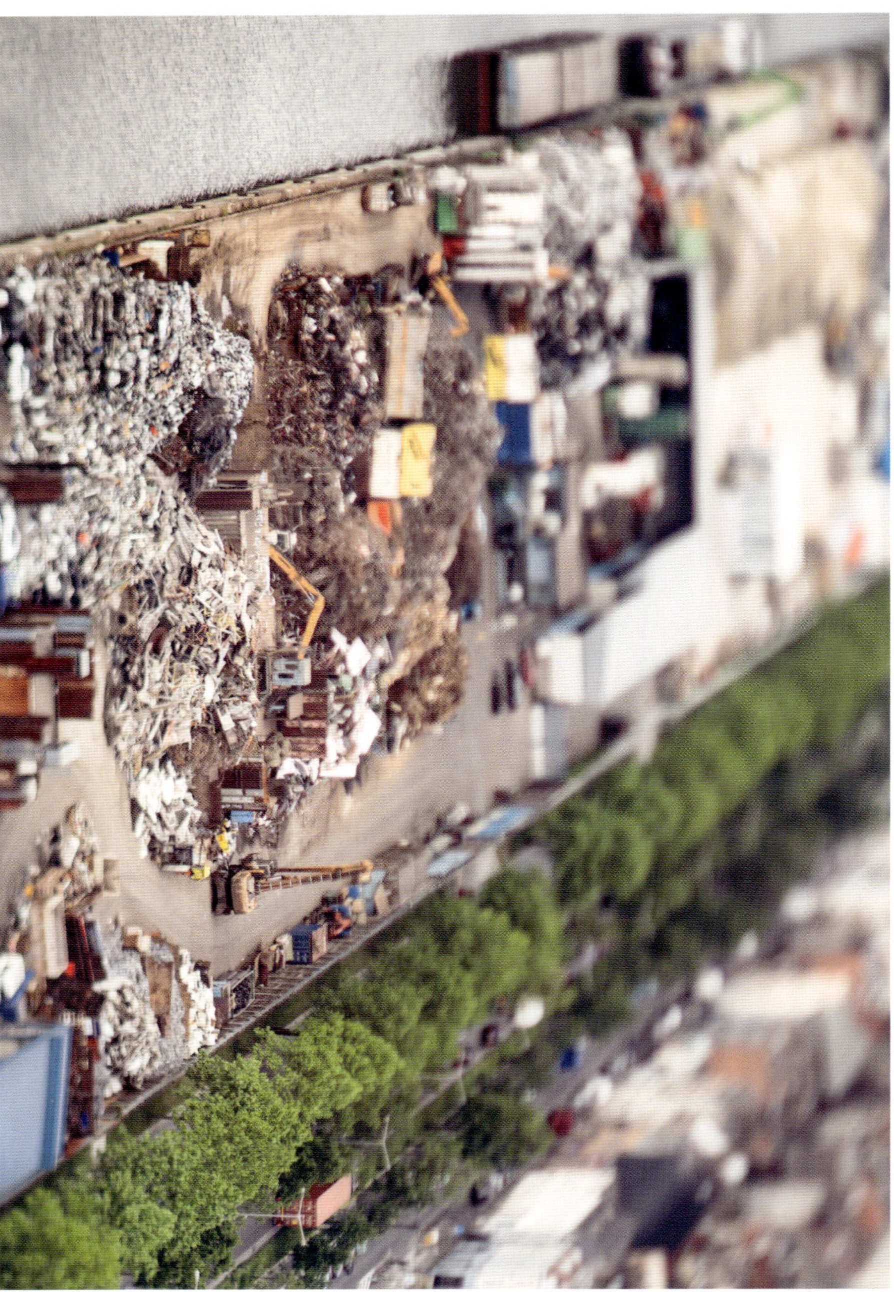

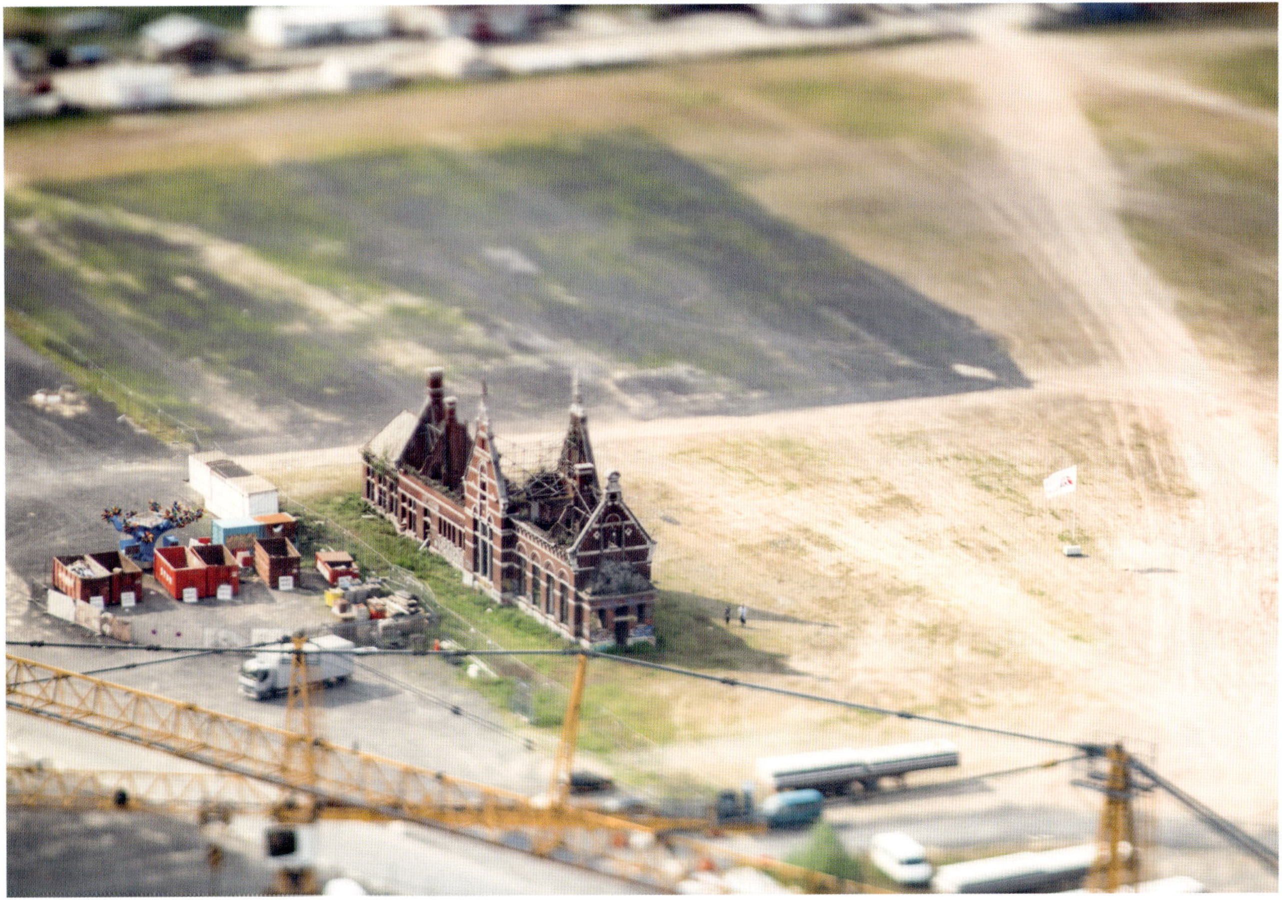

Tour & Taxis, Brussel/Bruxelles

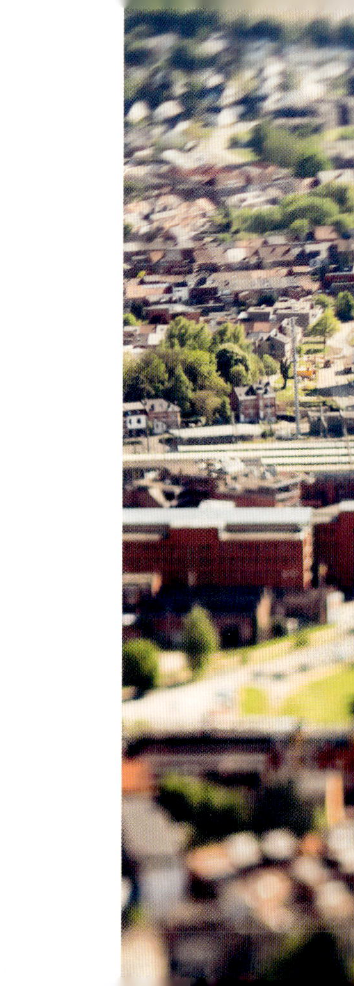

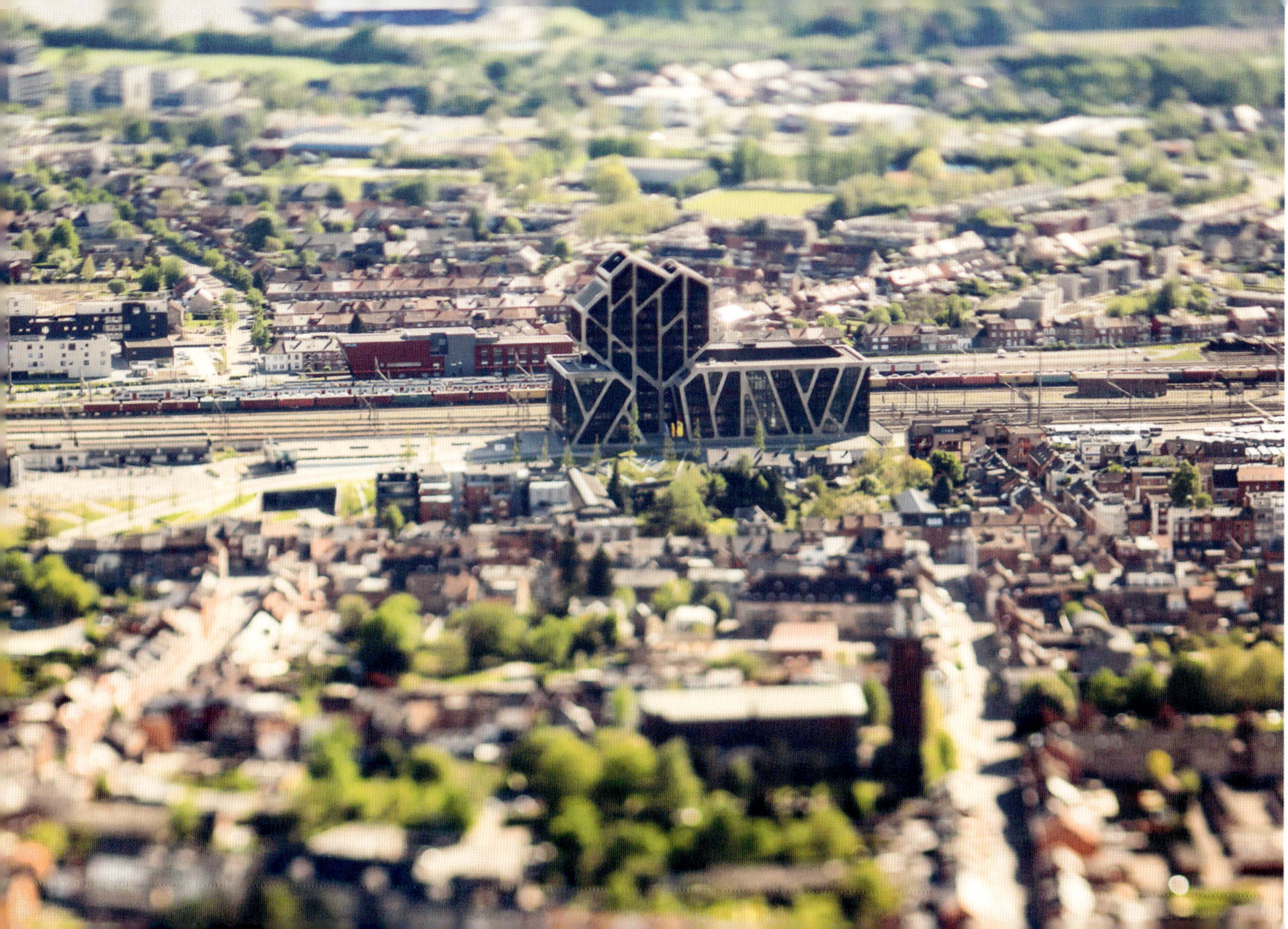

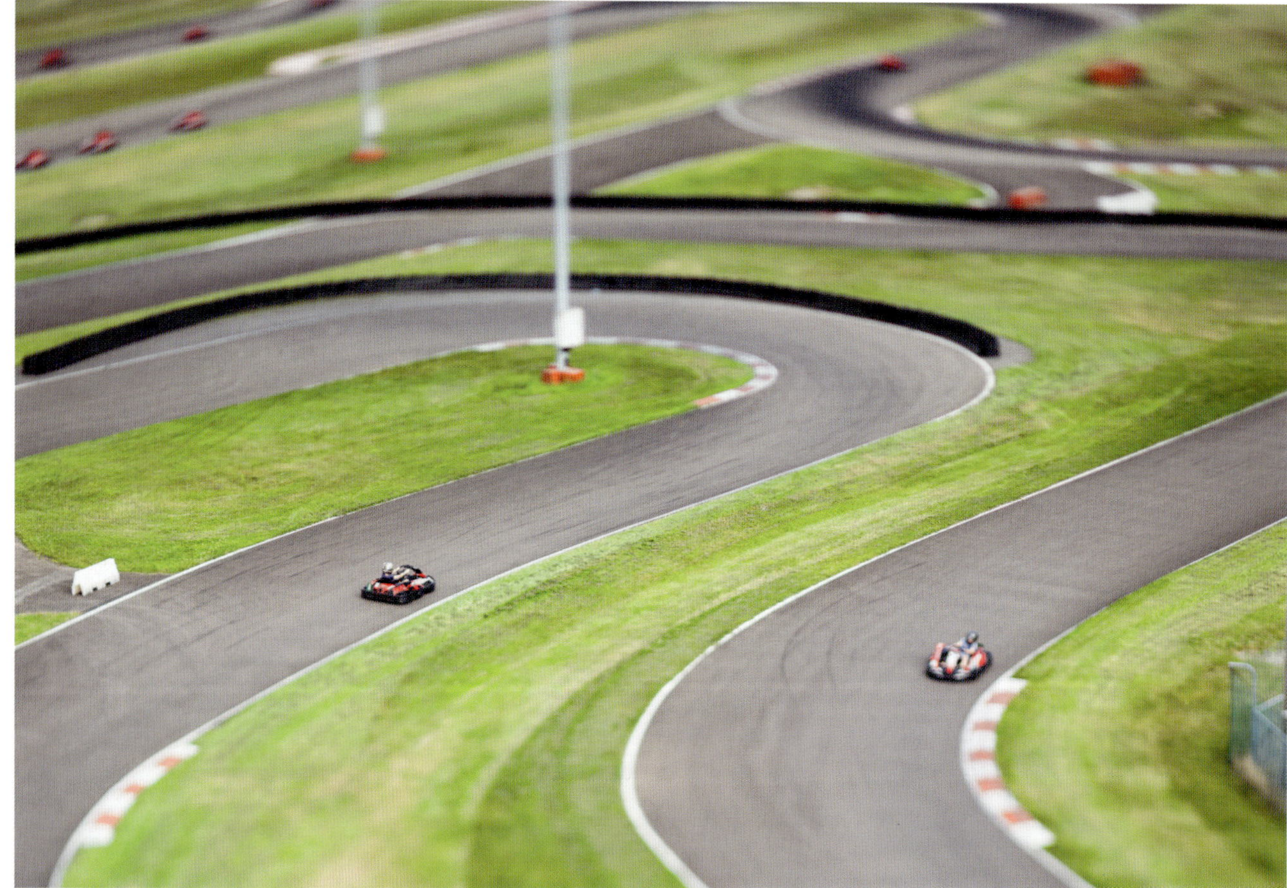

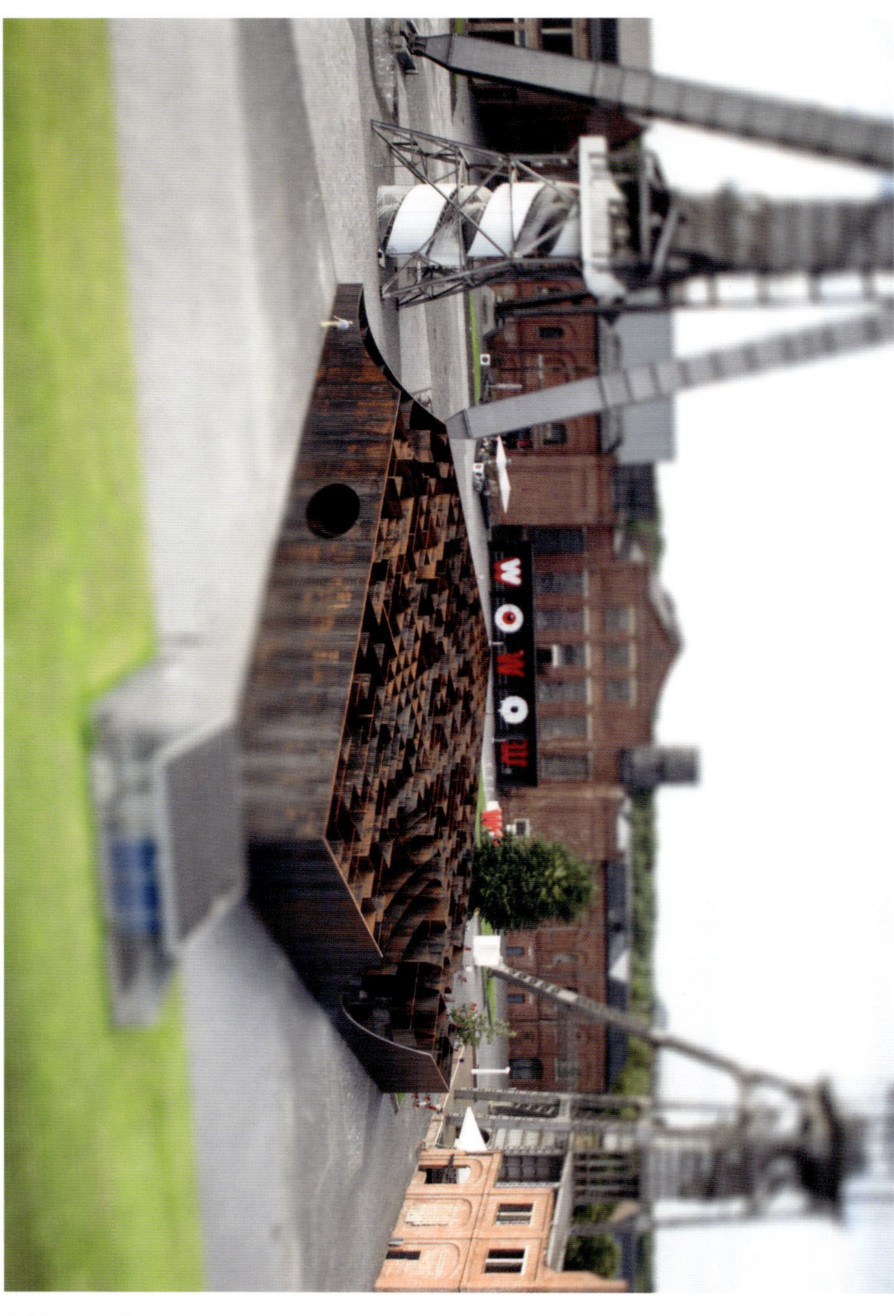

C-Mine, Genk

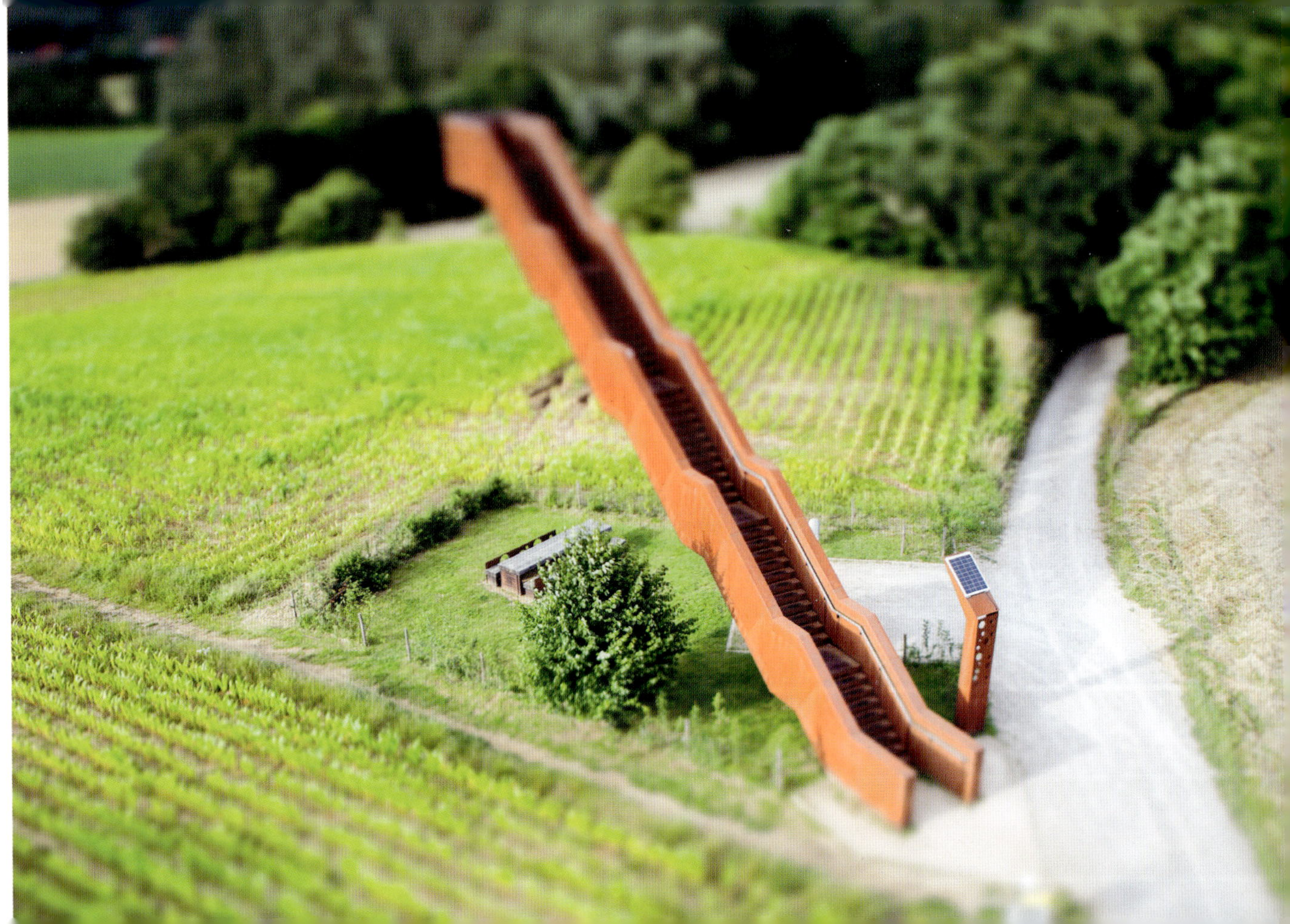

Vlooybergtoren, Tielt-Winge

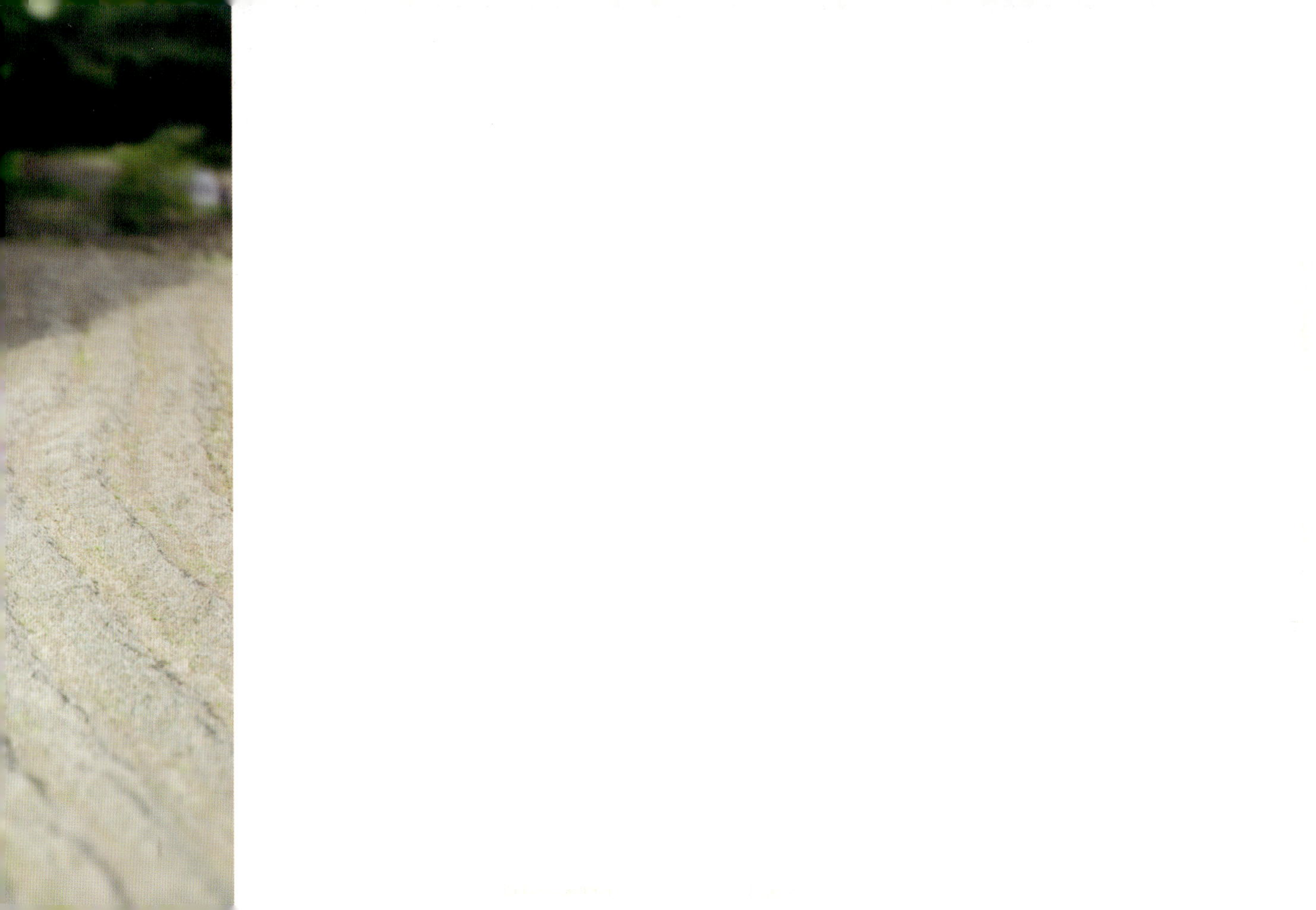

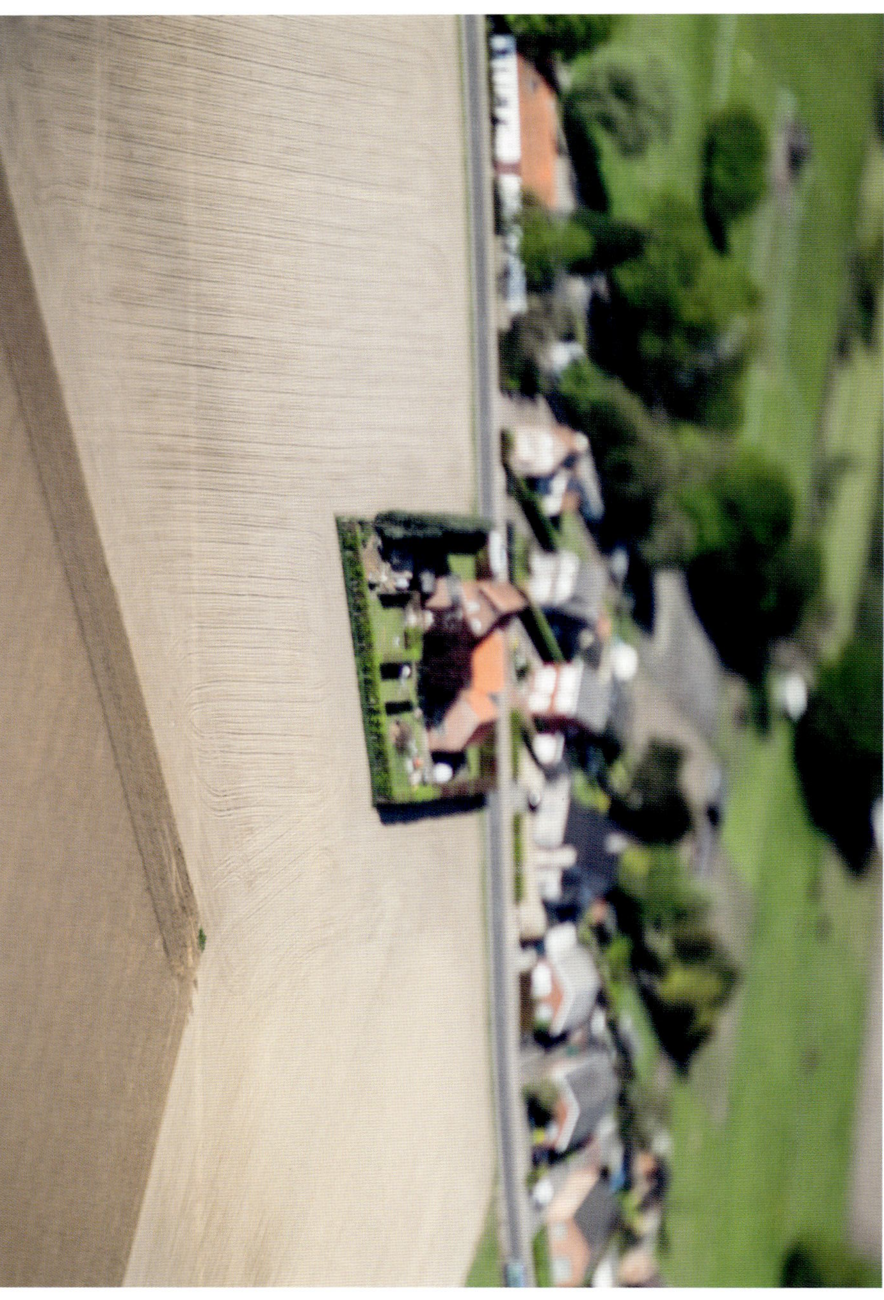

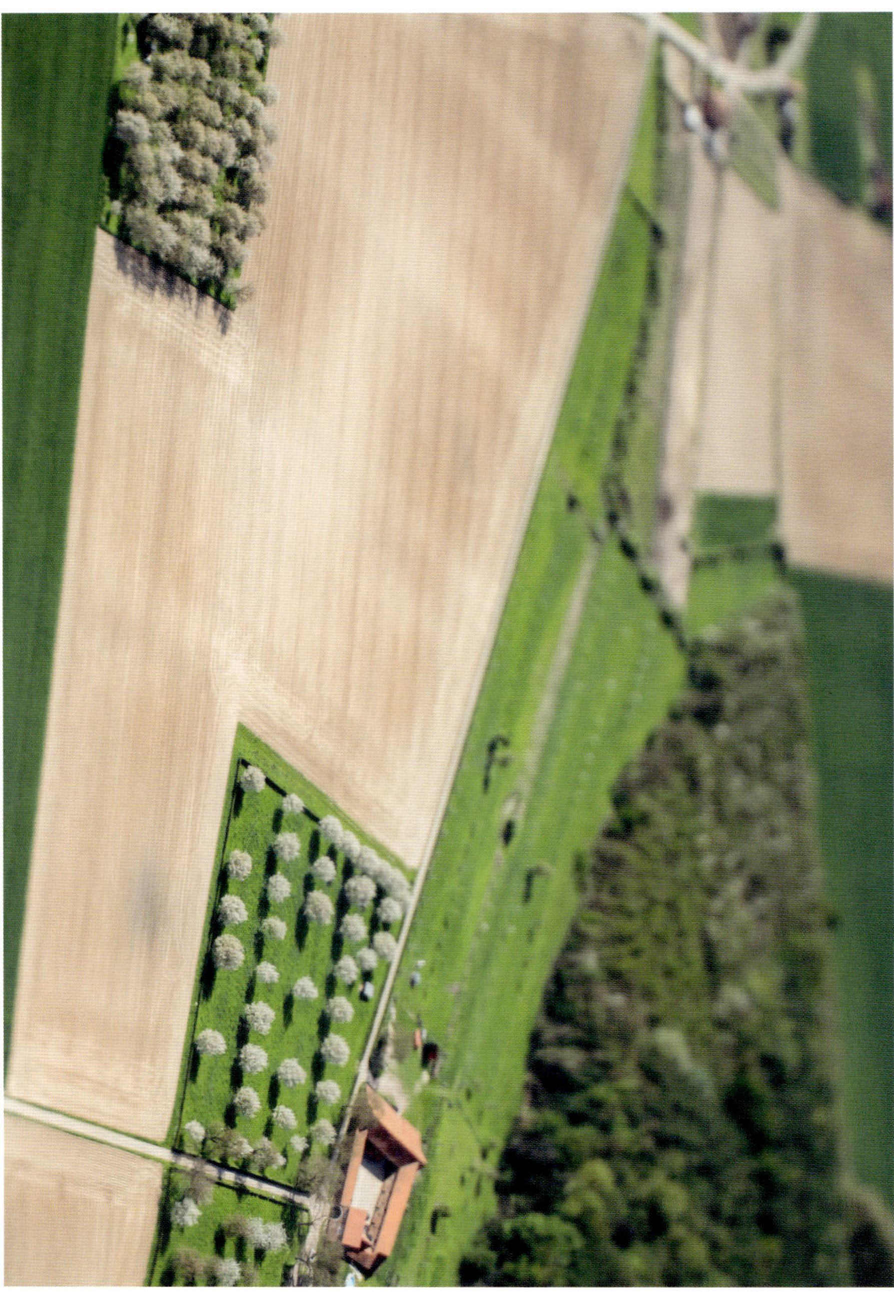

Limburg

Juprelle

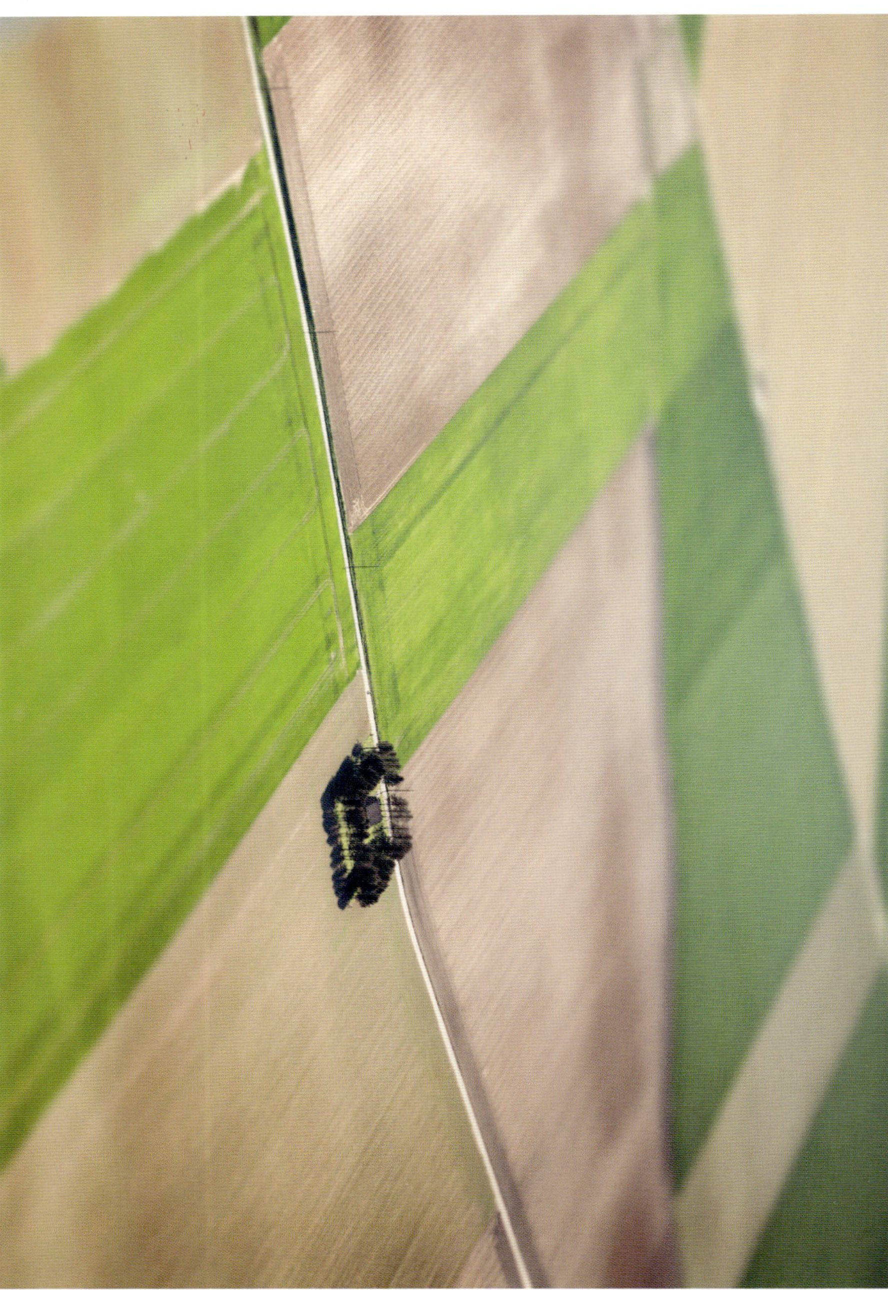

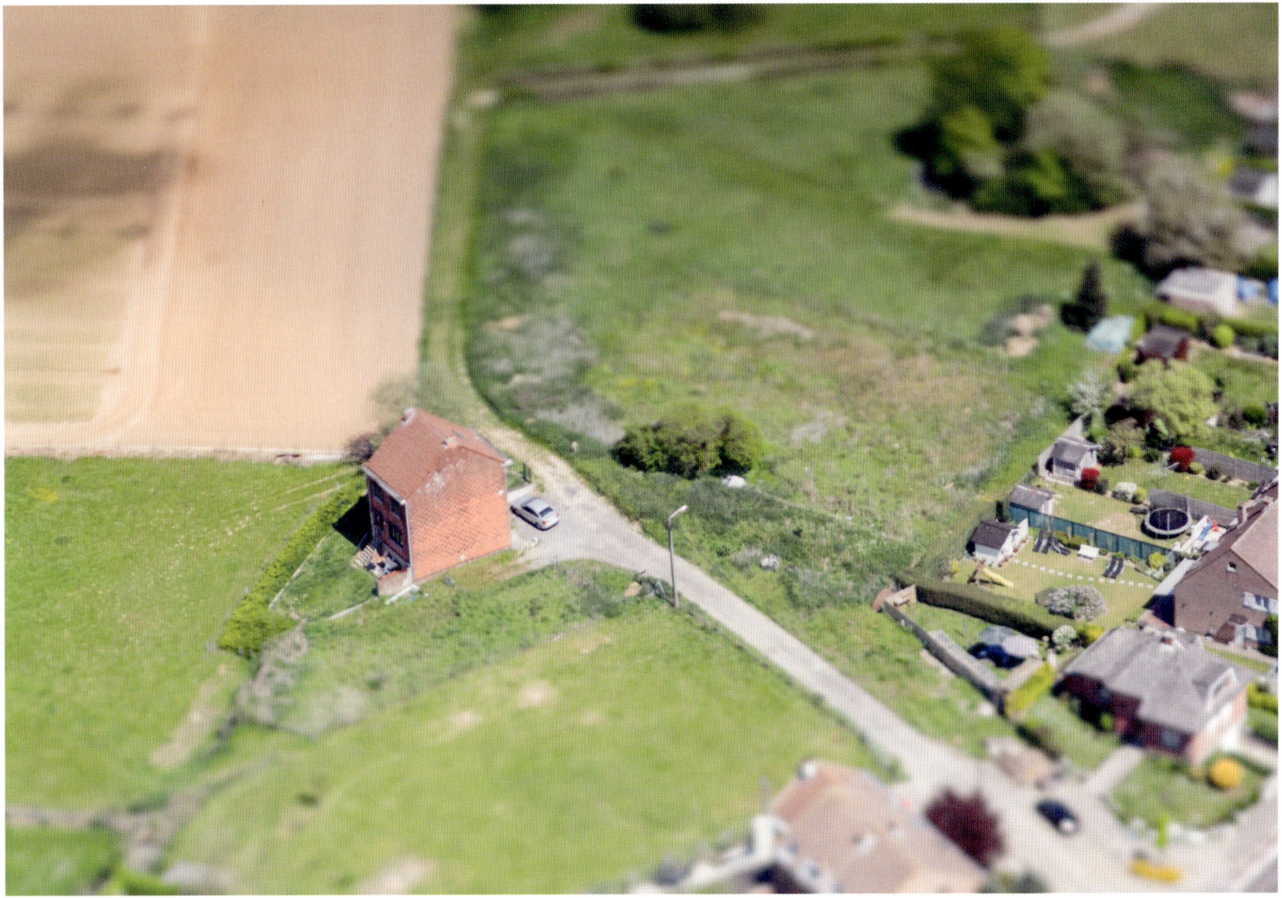

Brabant wallon

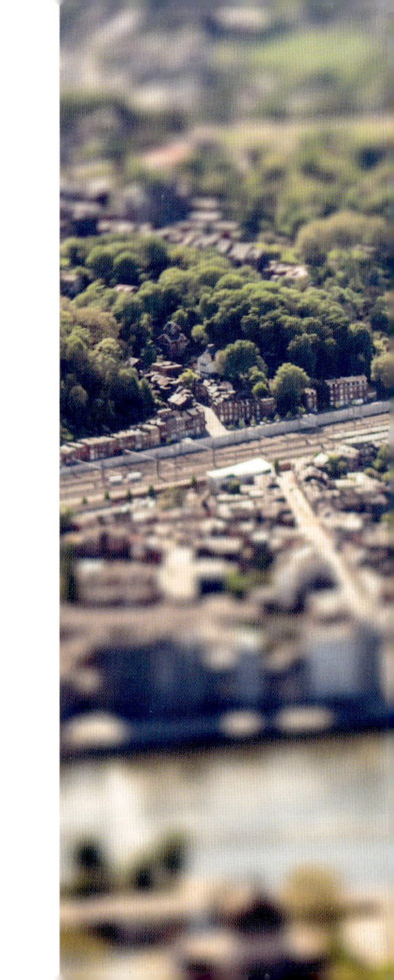

Gare de Liège-Guillemins, Liège

Gare de Liège-Guillemins, Liège

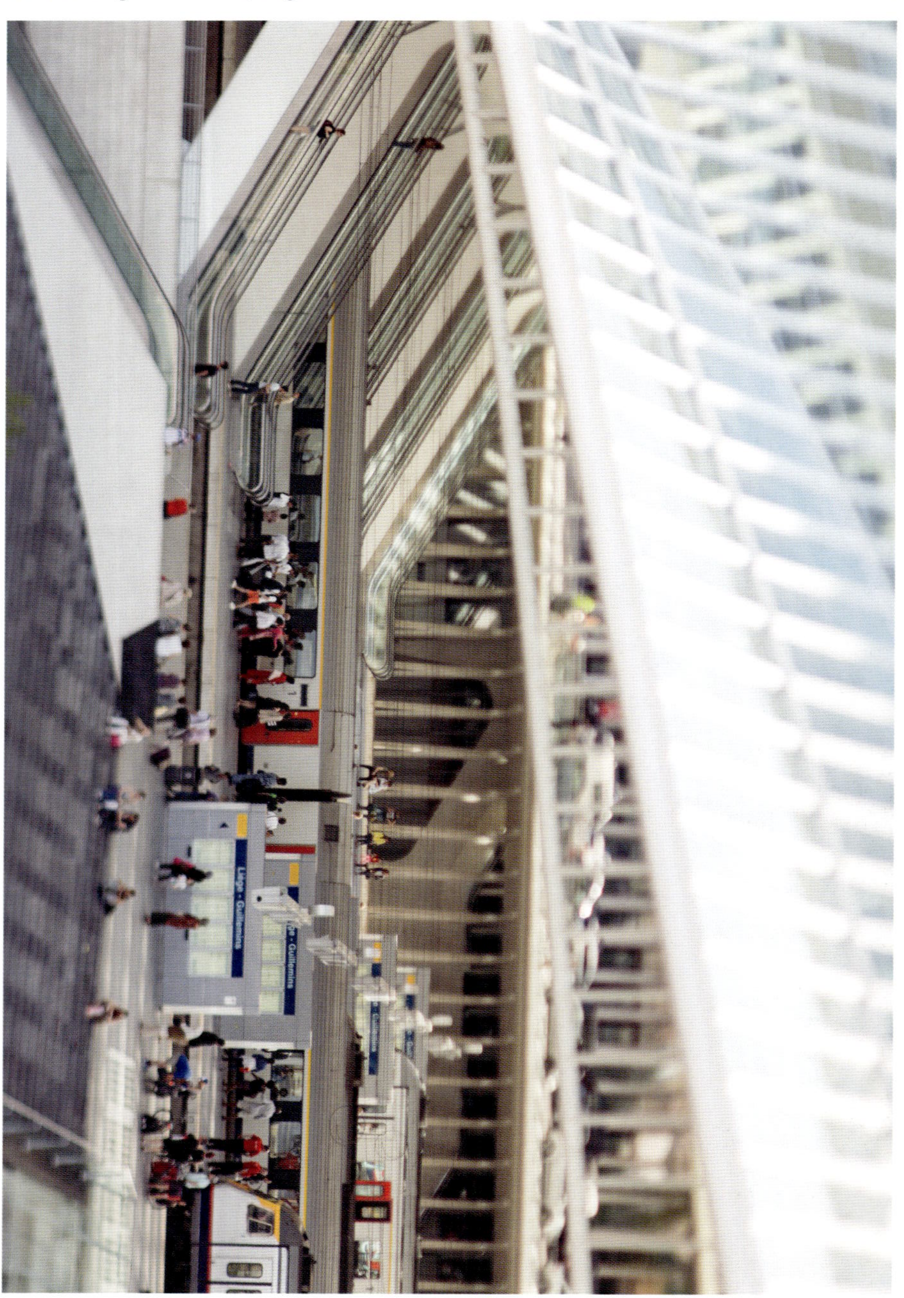

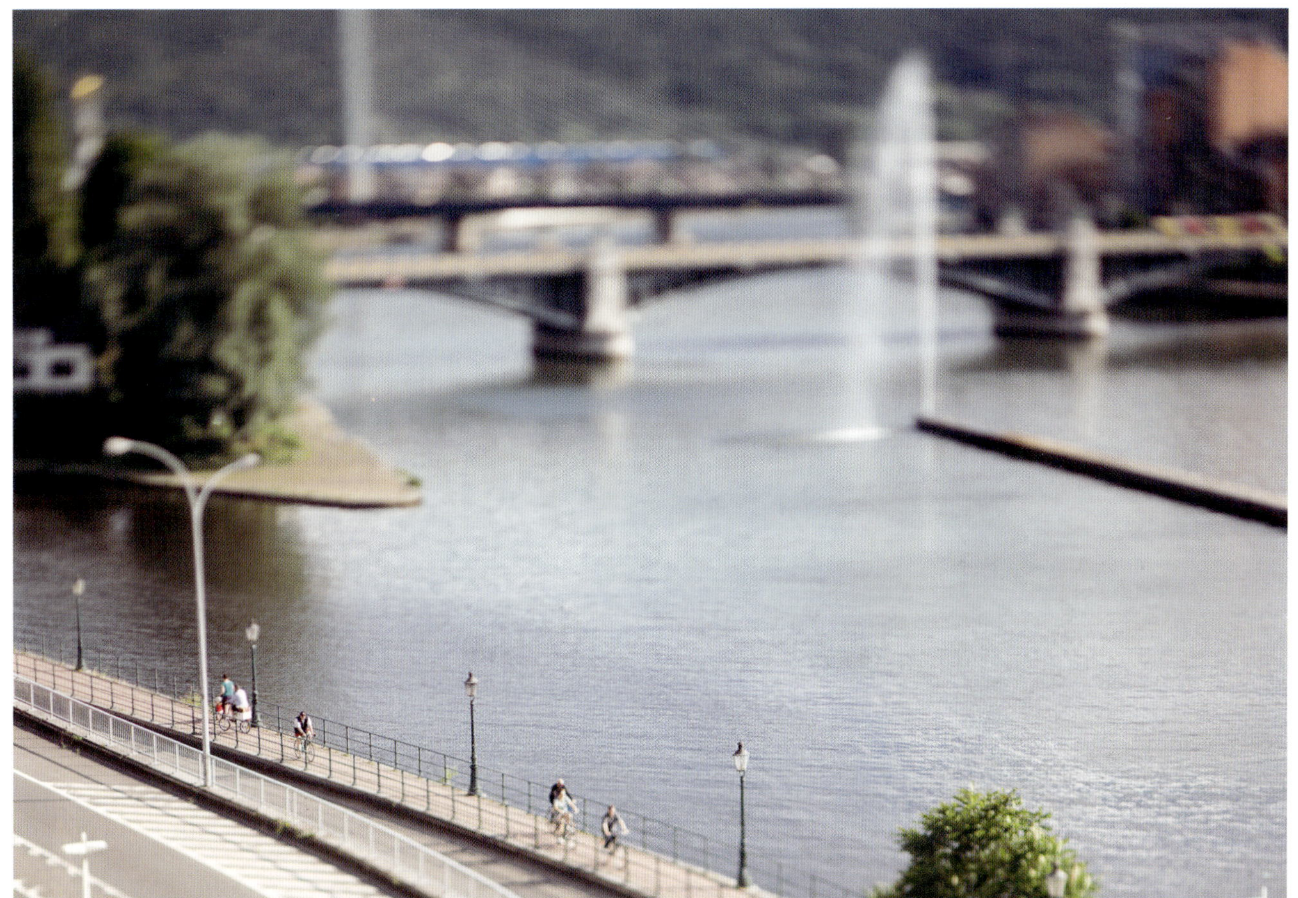

La Meuse, Liège

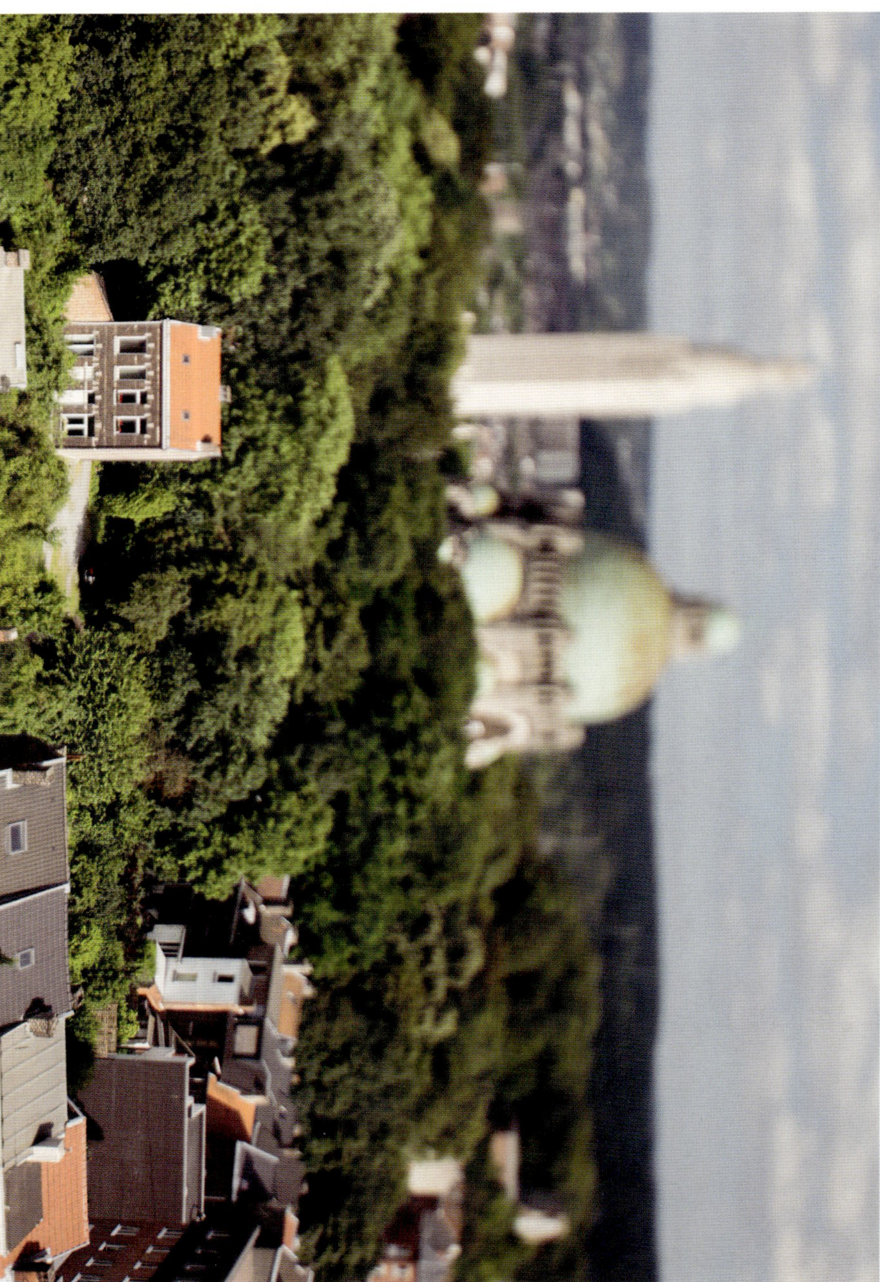

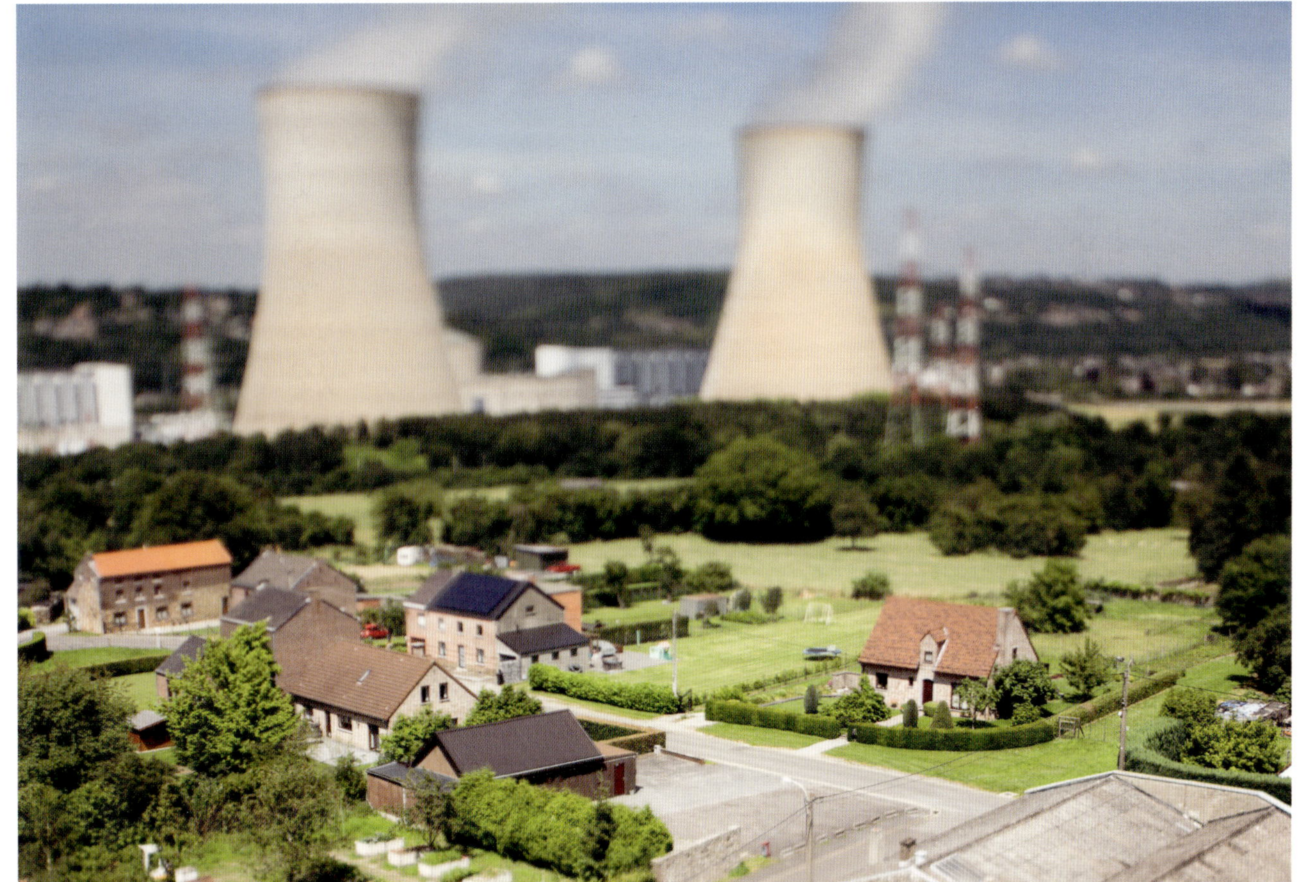

Tihange

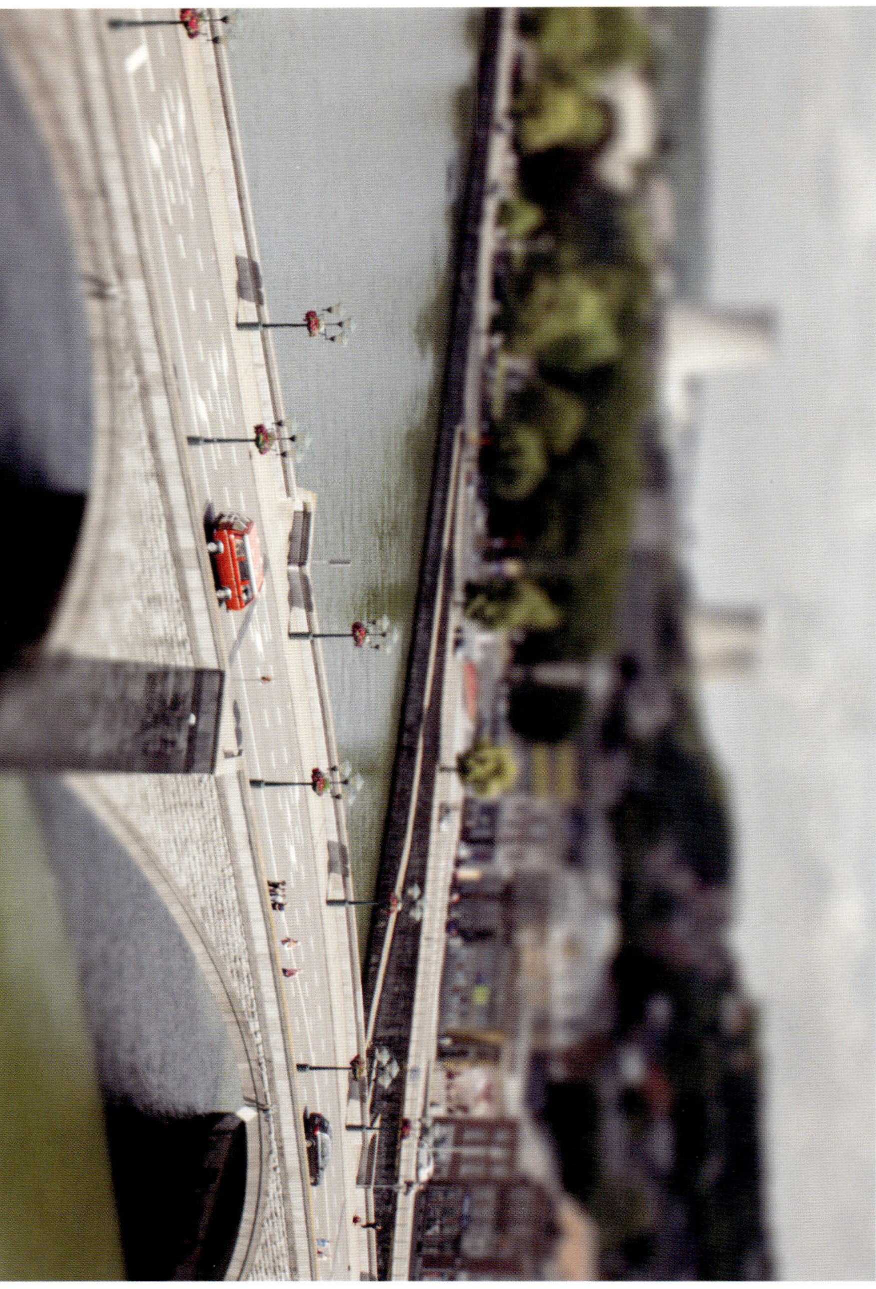

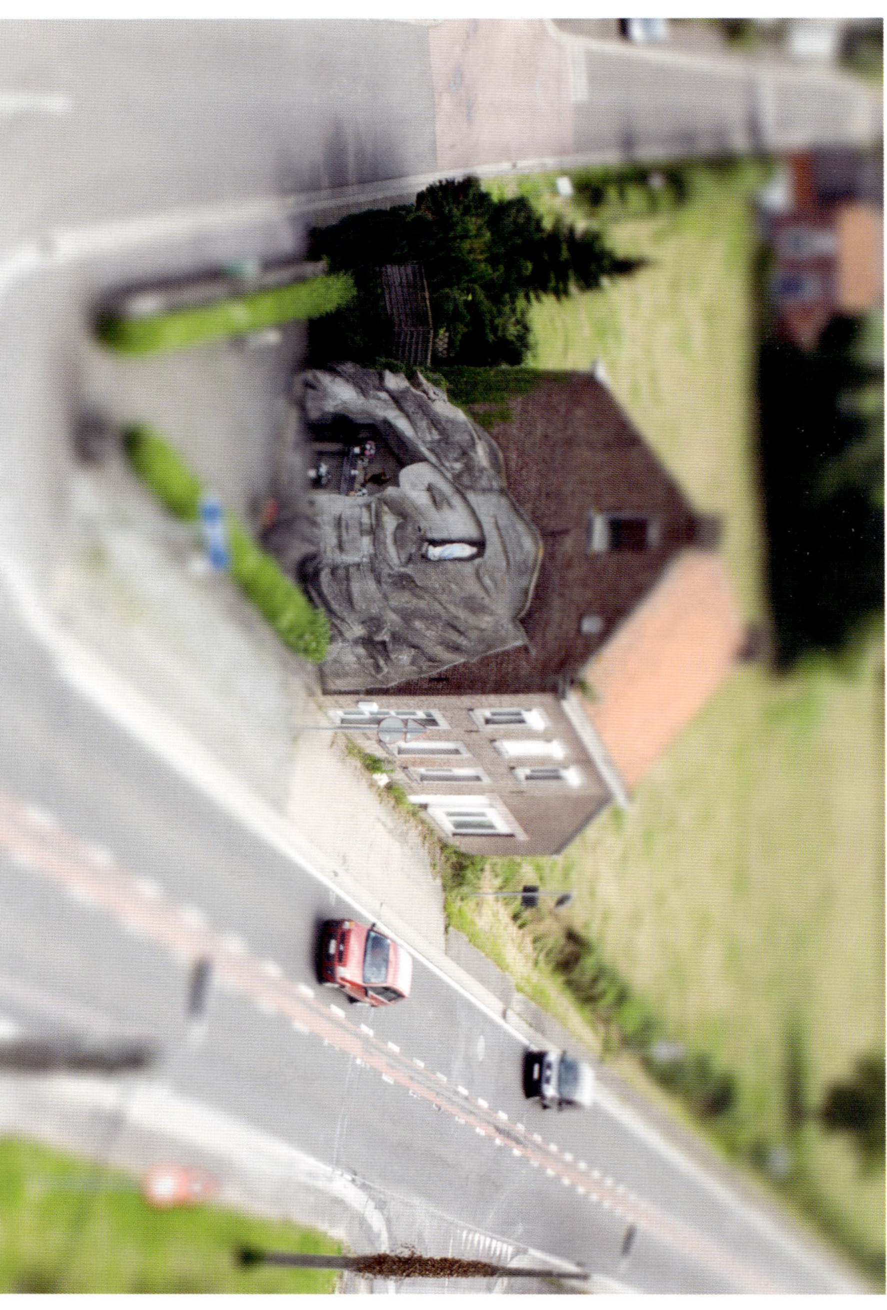

Hannut

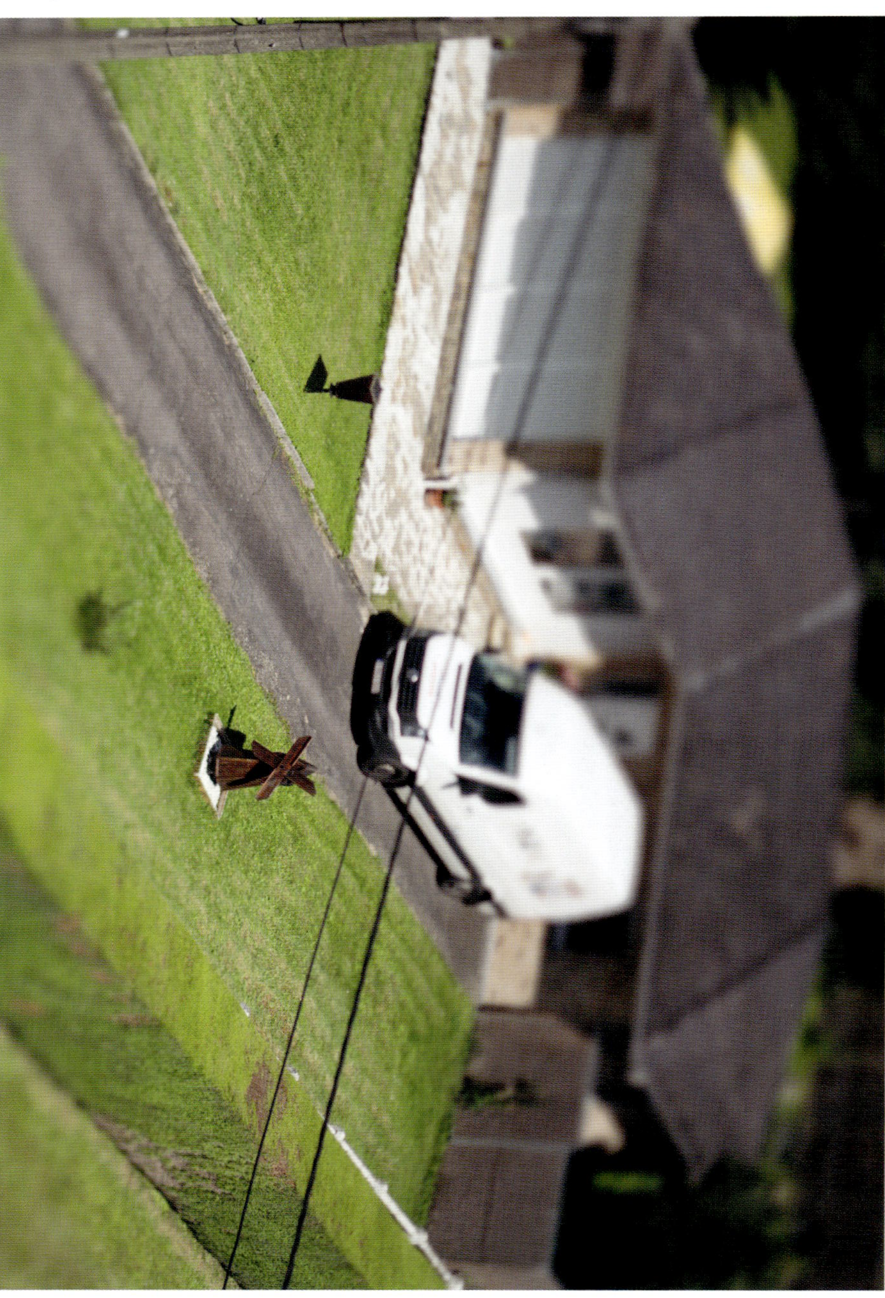

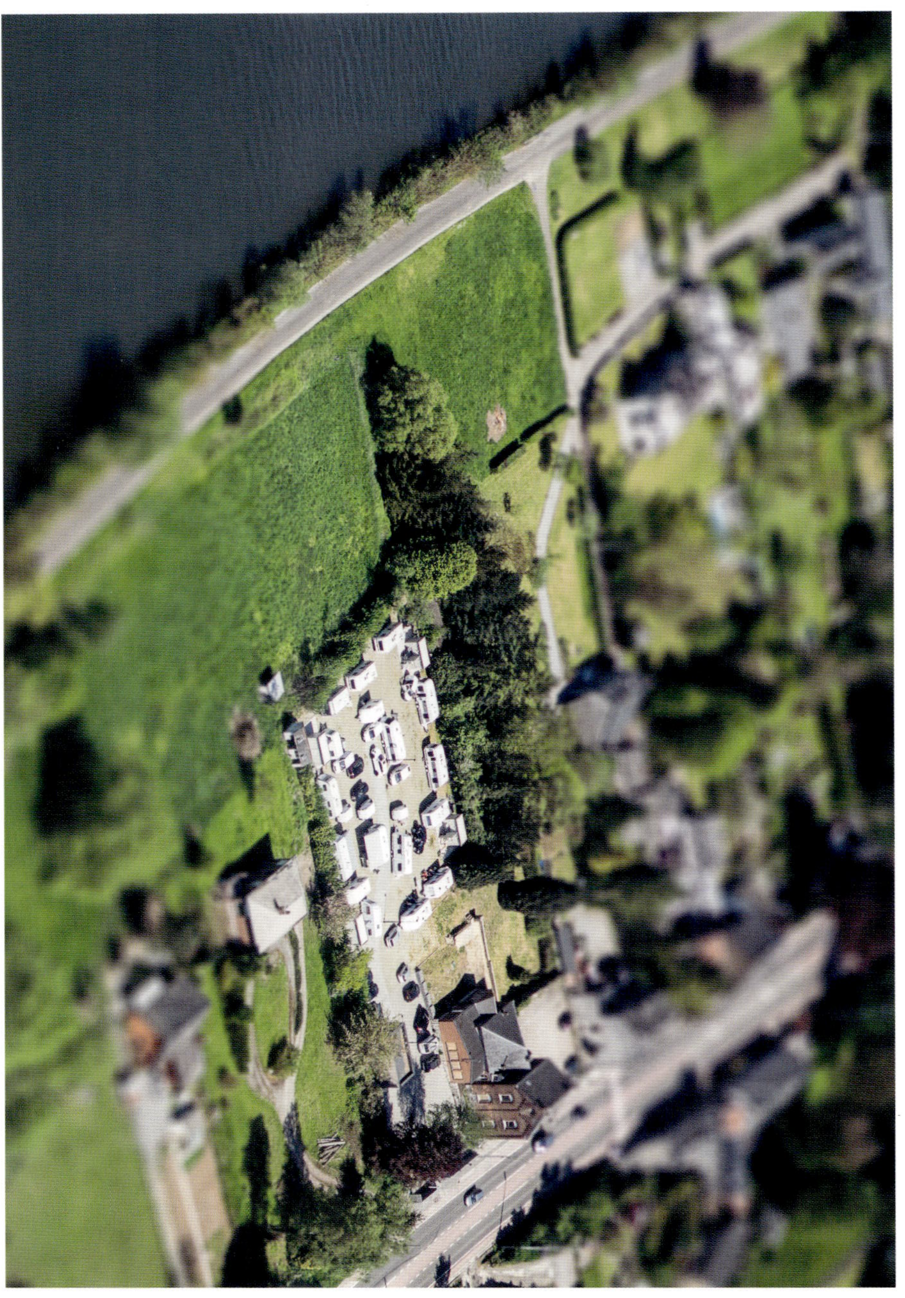

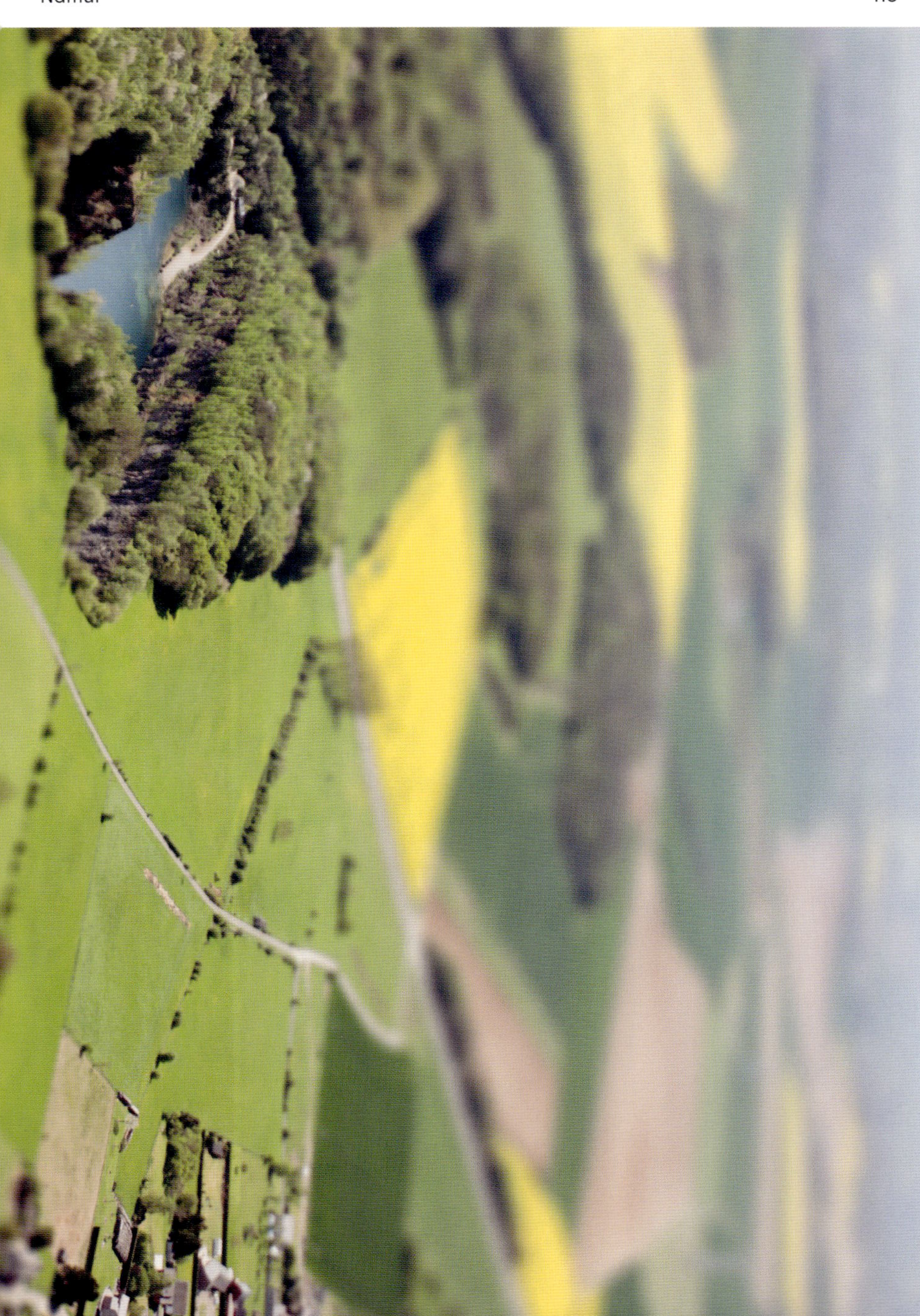

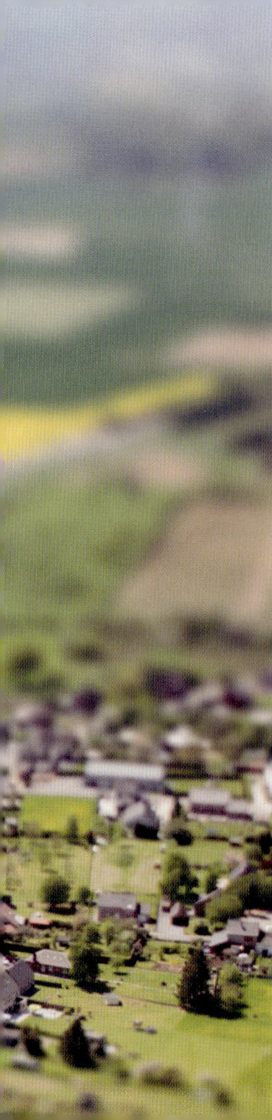

They're the Canada of France.

Craig Ferguson, standup comedian & writer, in 2008 at the 94th annual White House Correspondents' Dinner

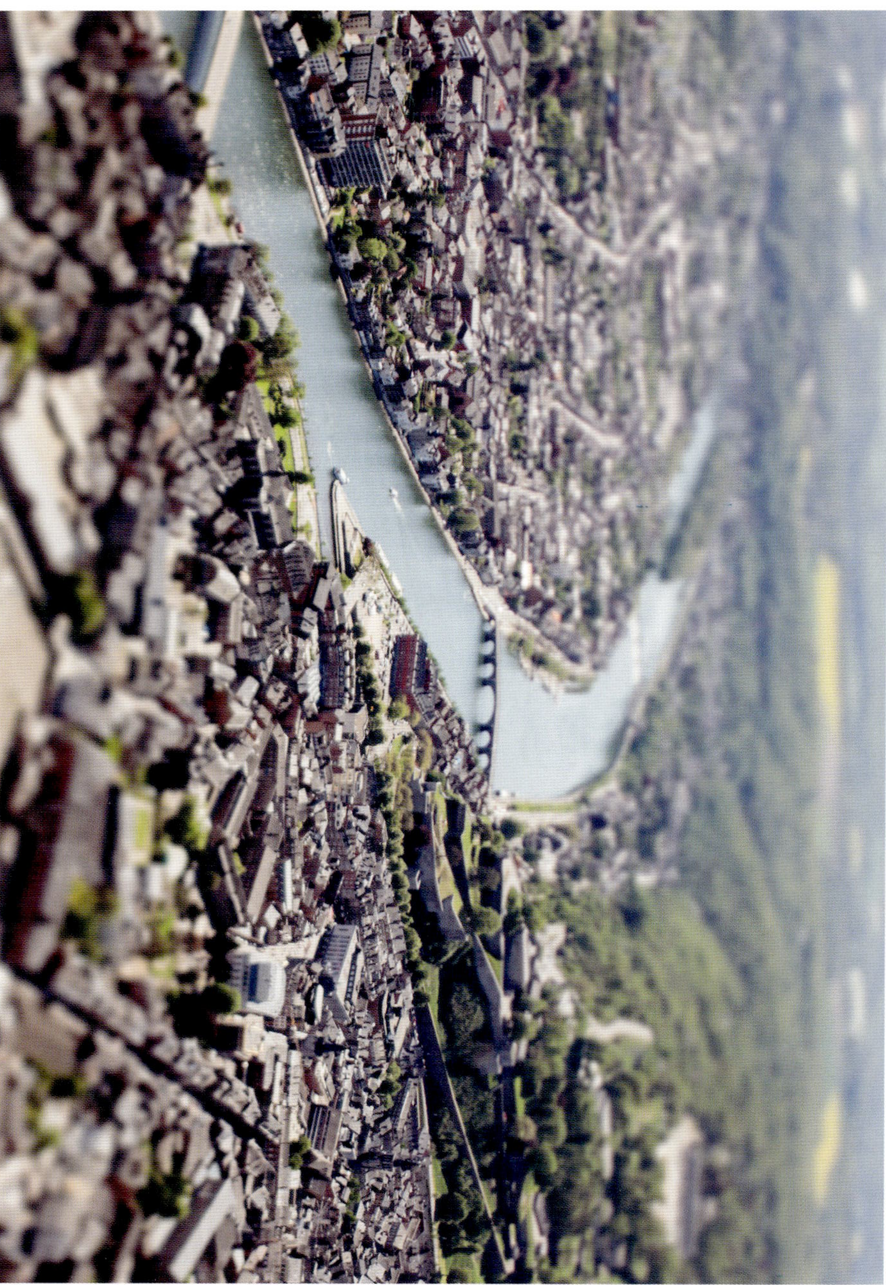

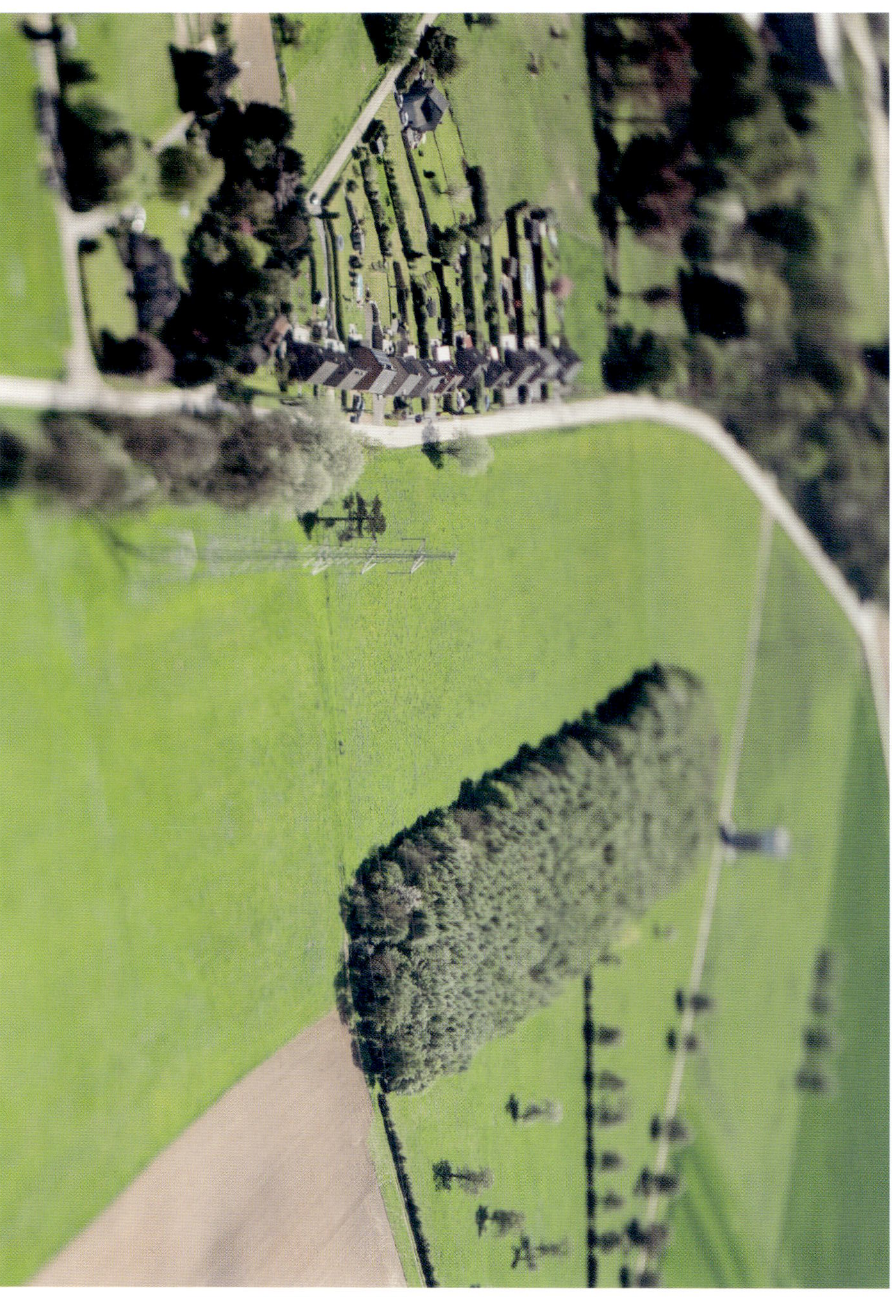

Namur

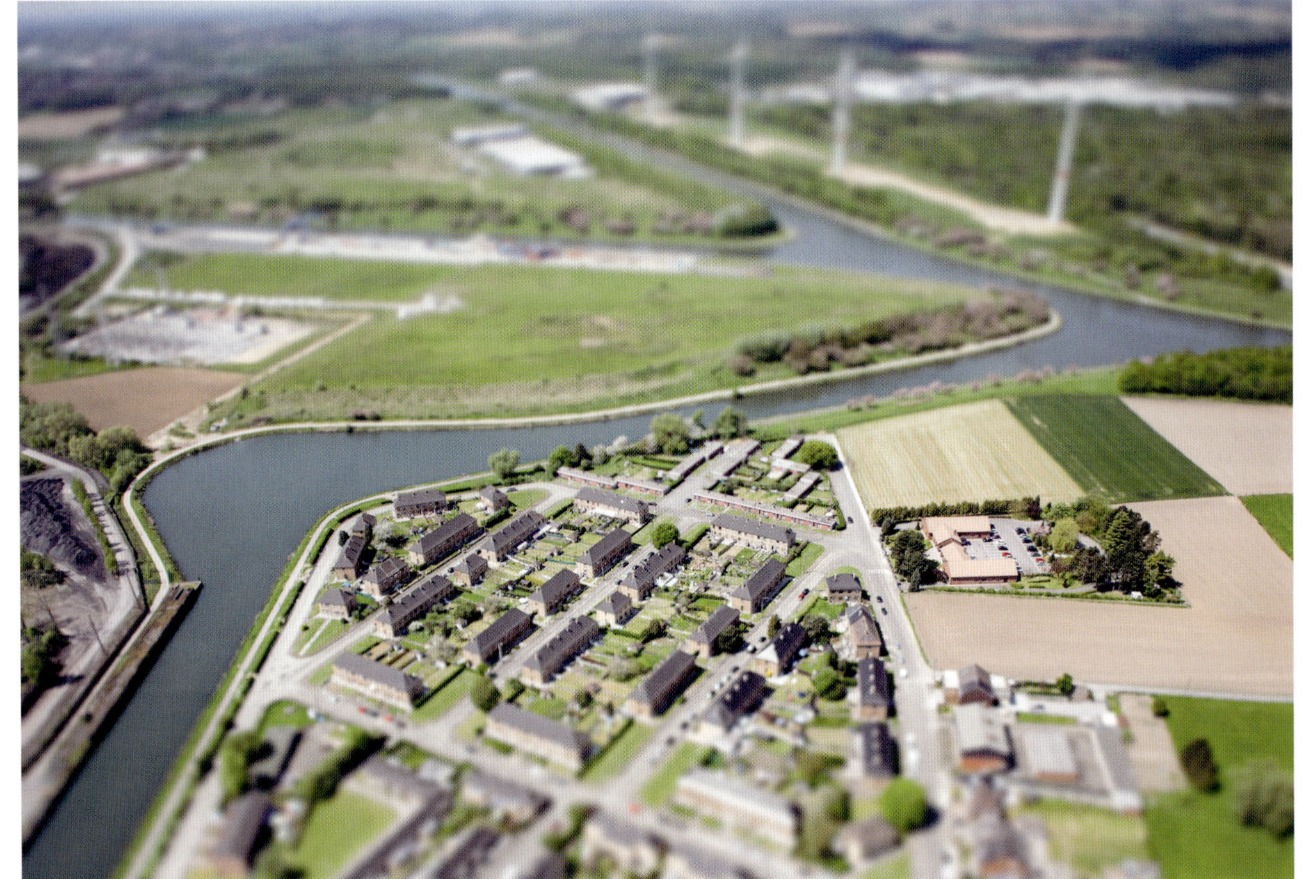

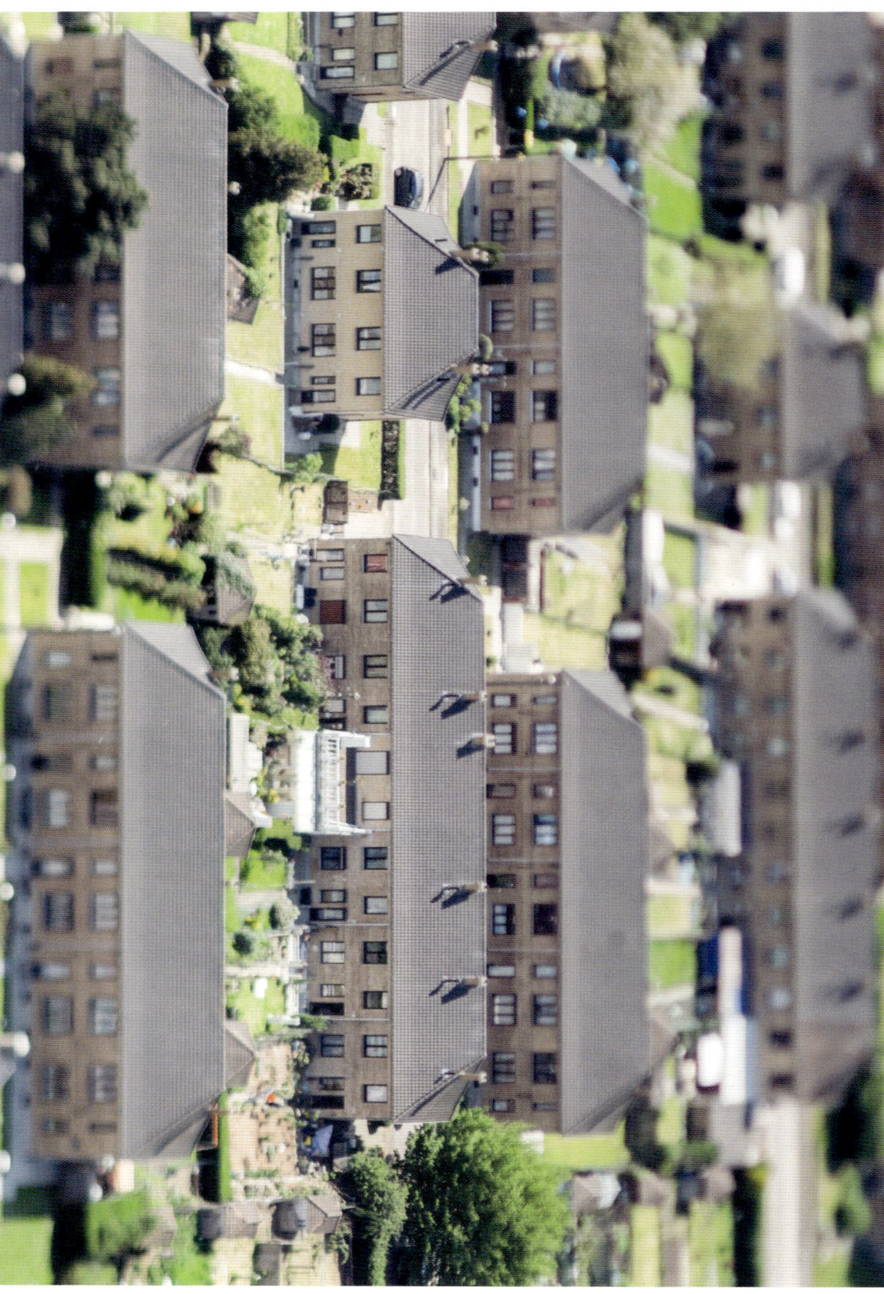

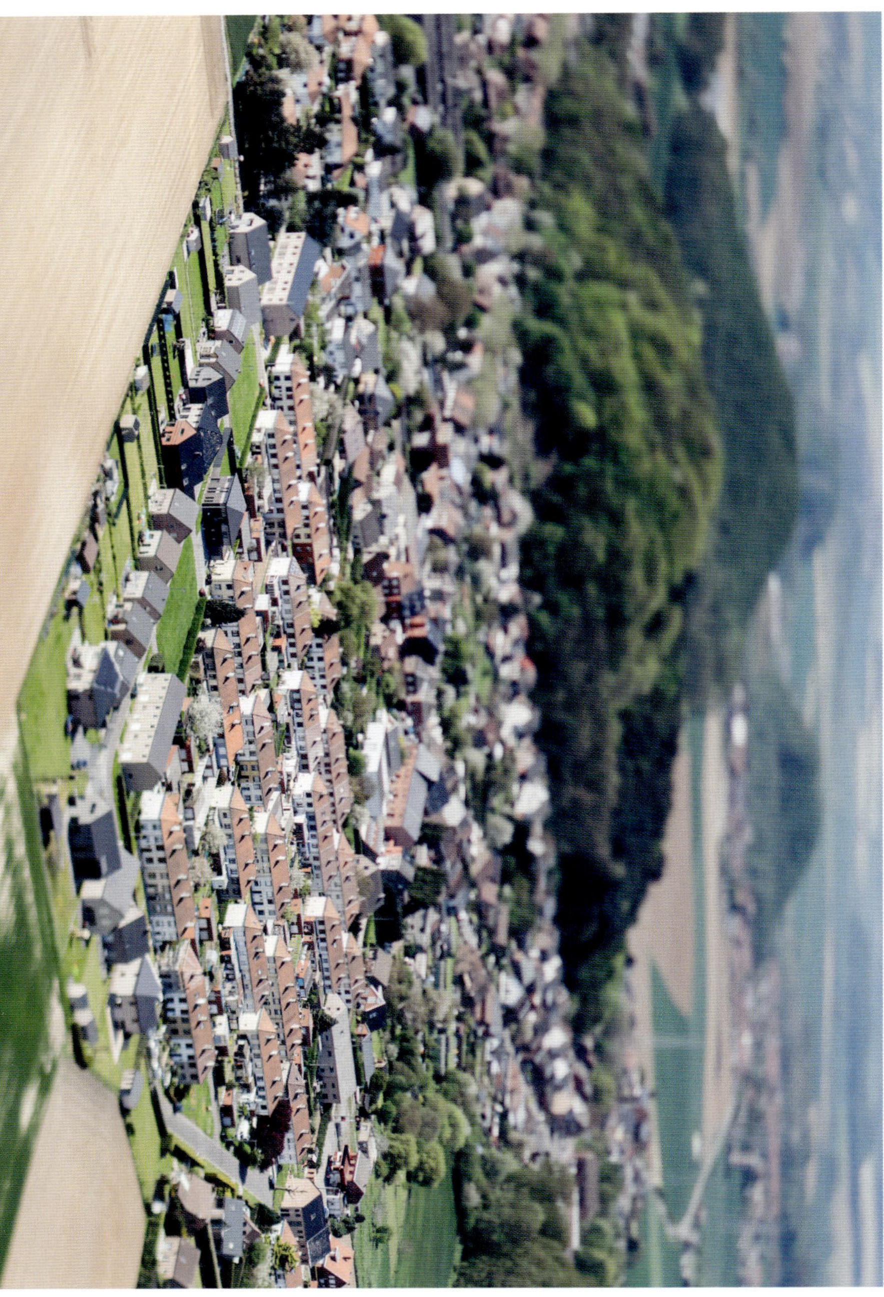

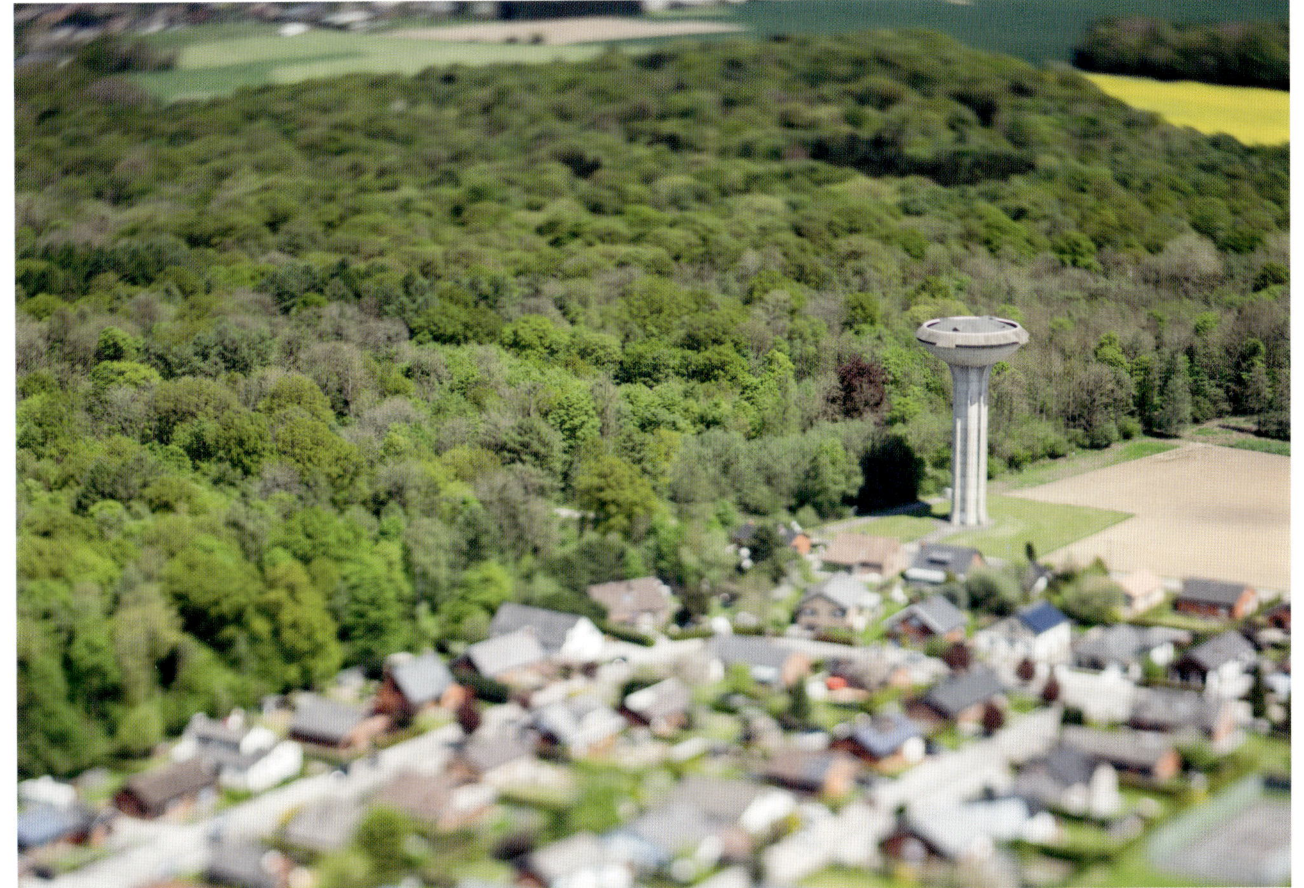

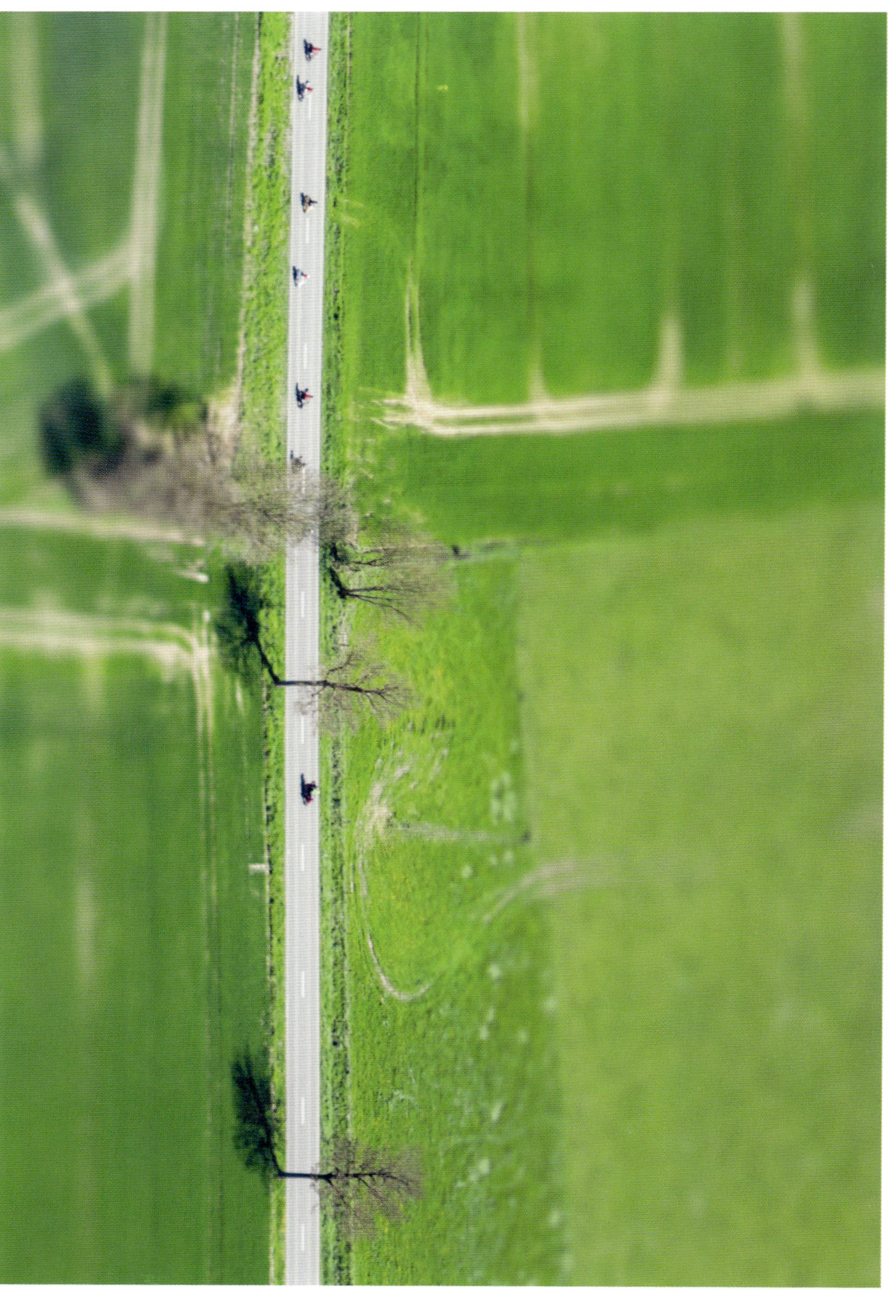

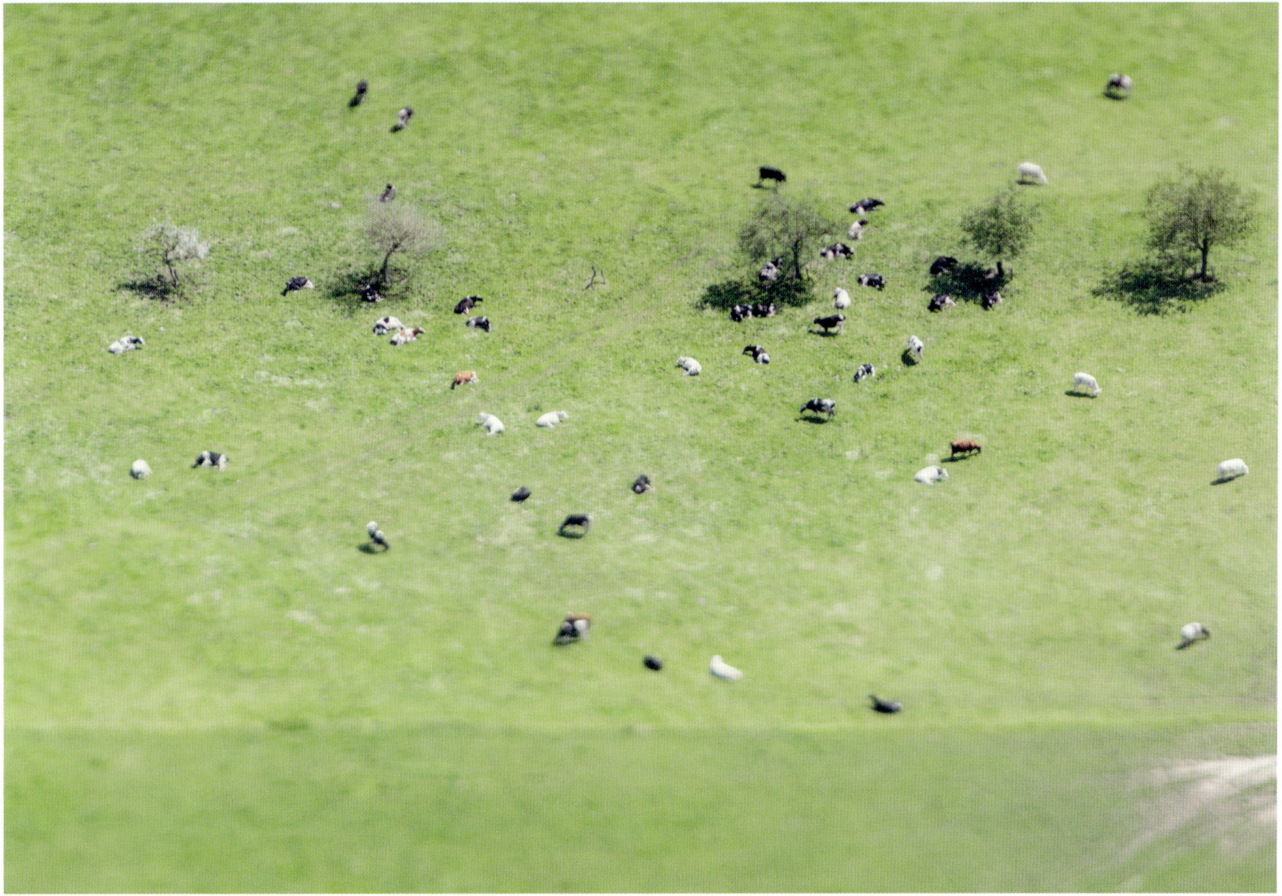

Hainaut

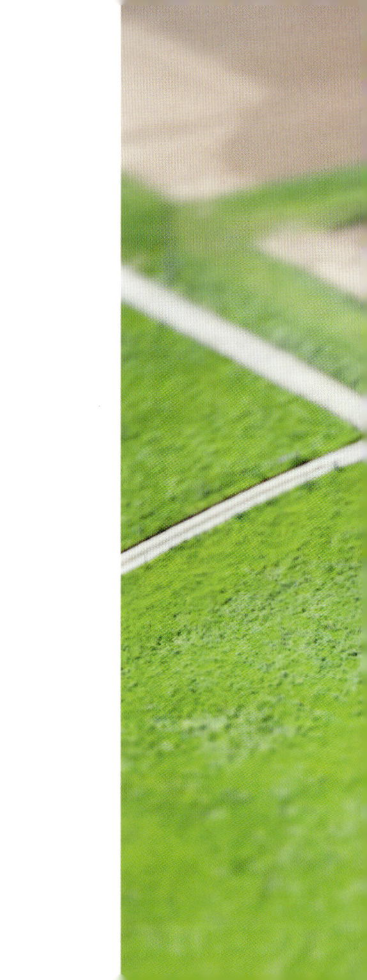

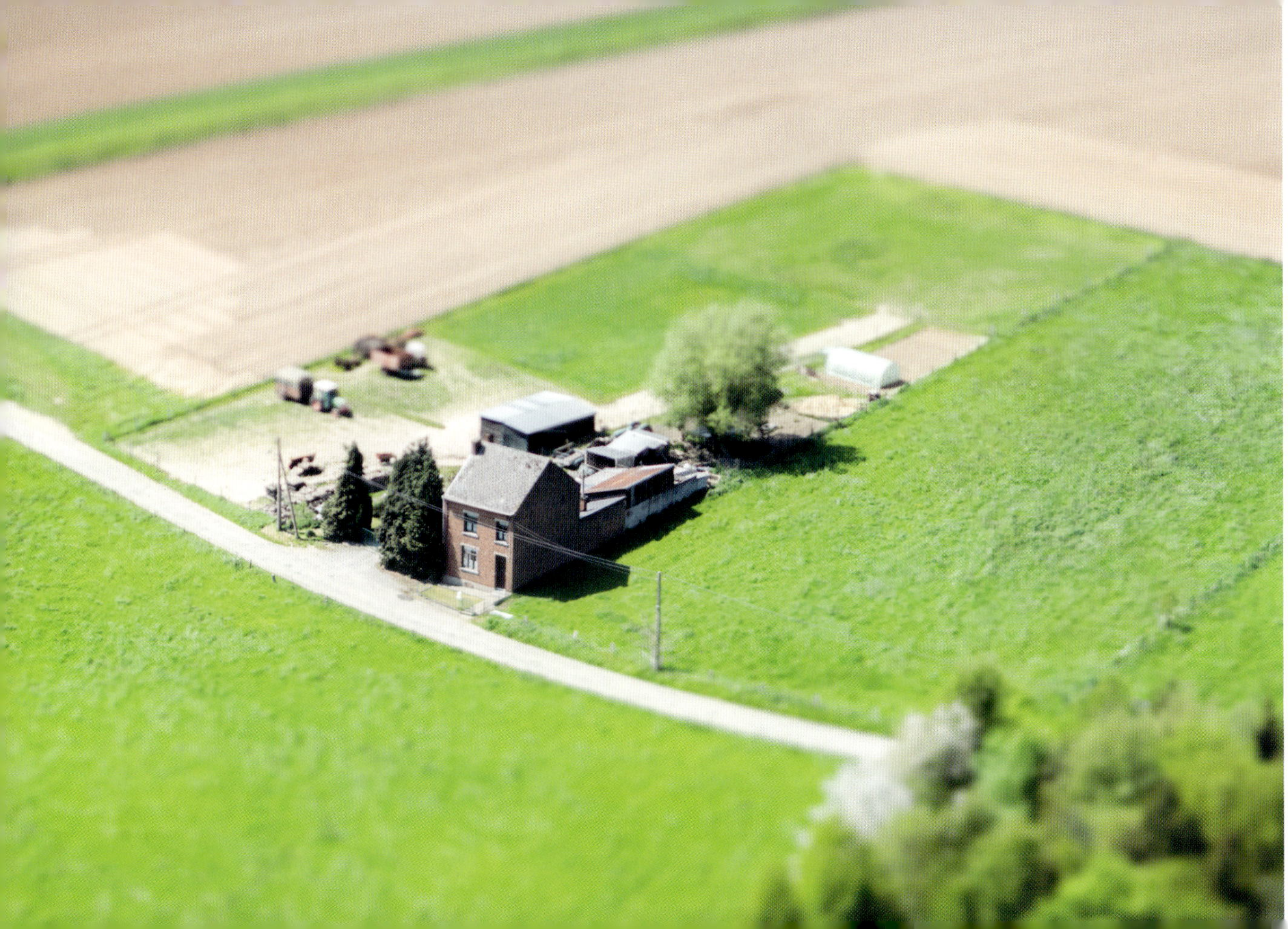

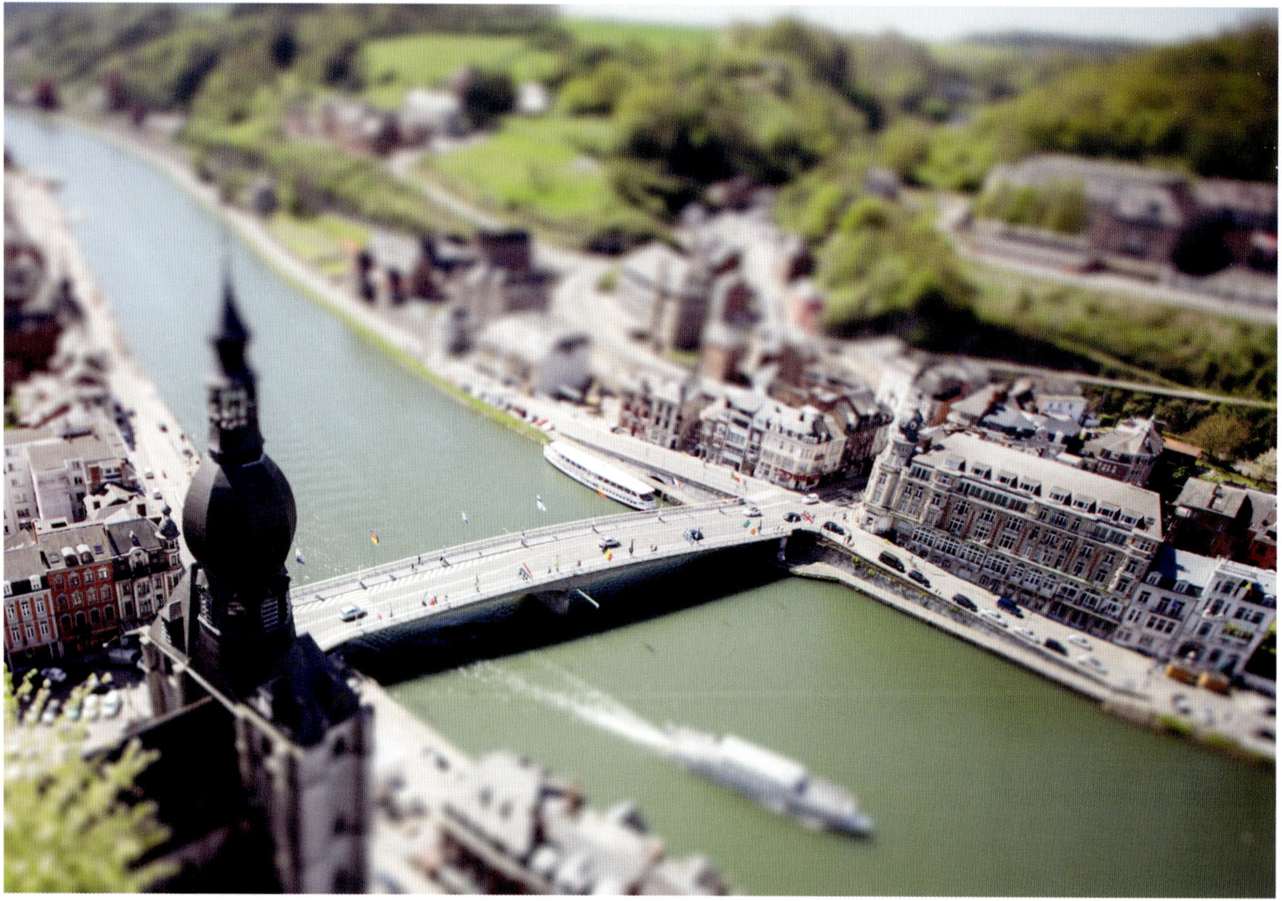

La Meuse, Dinant

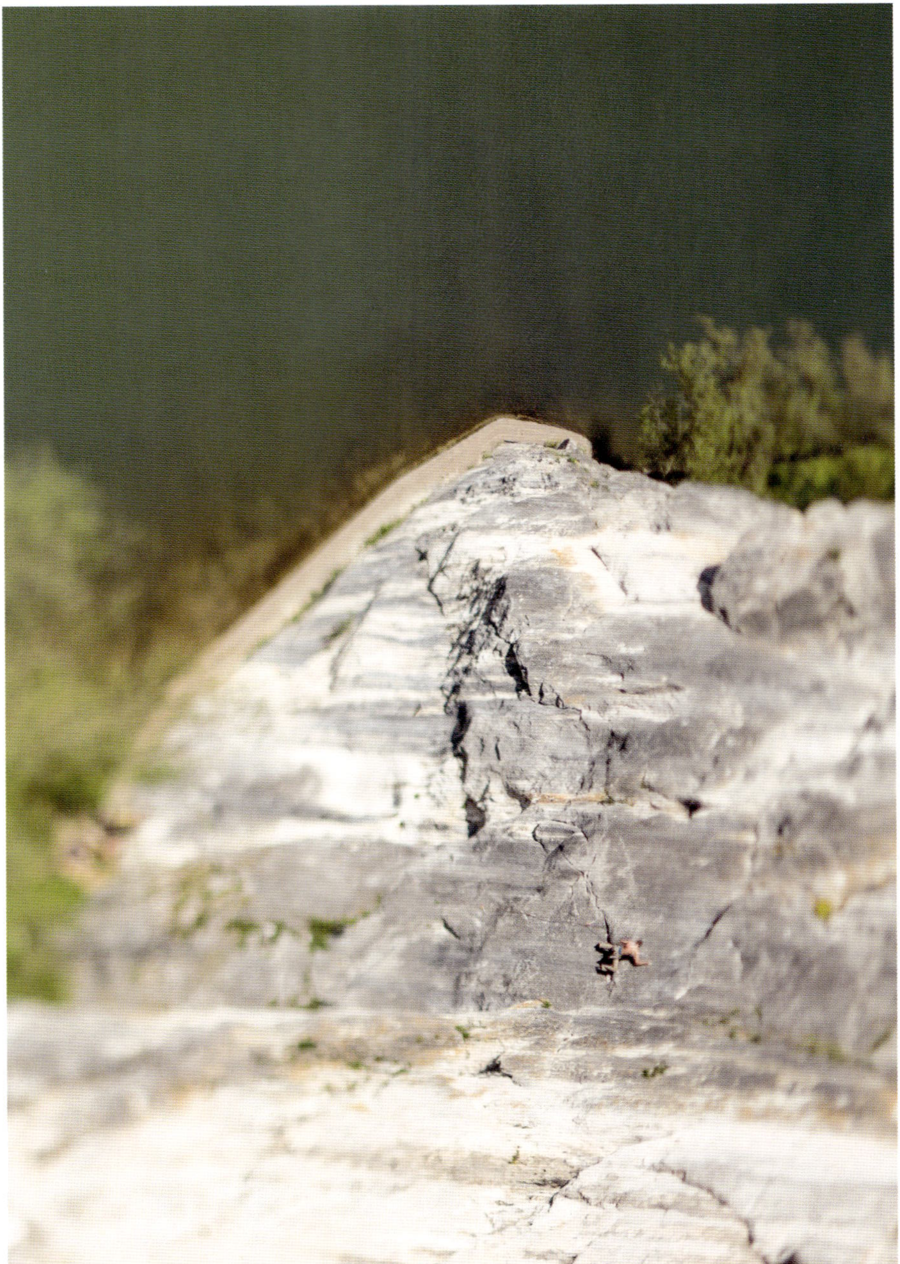

Dinant

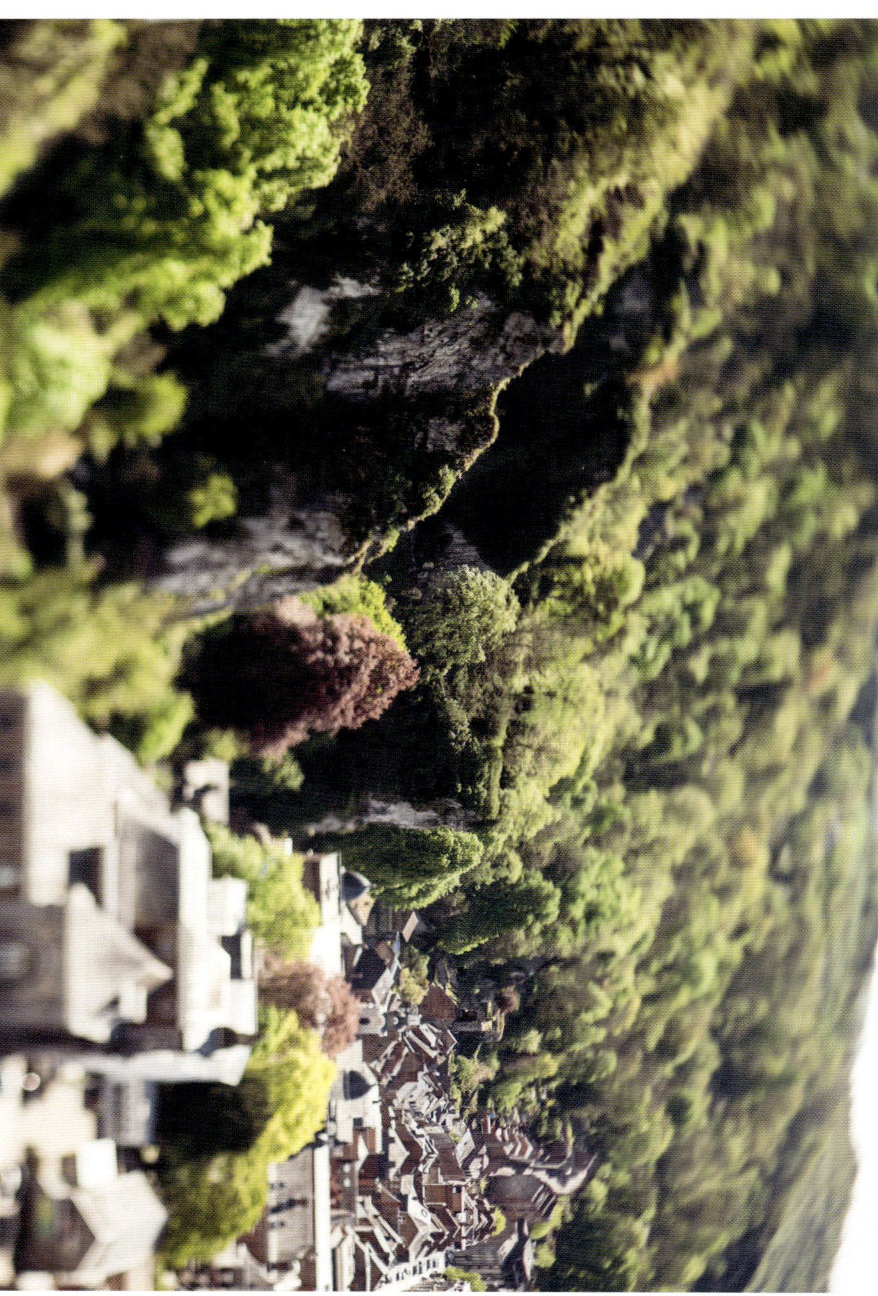

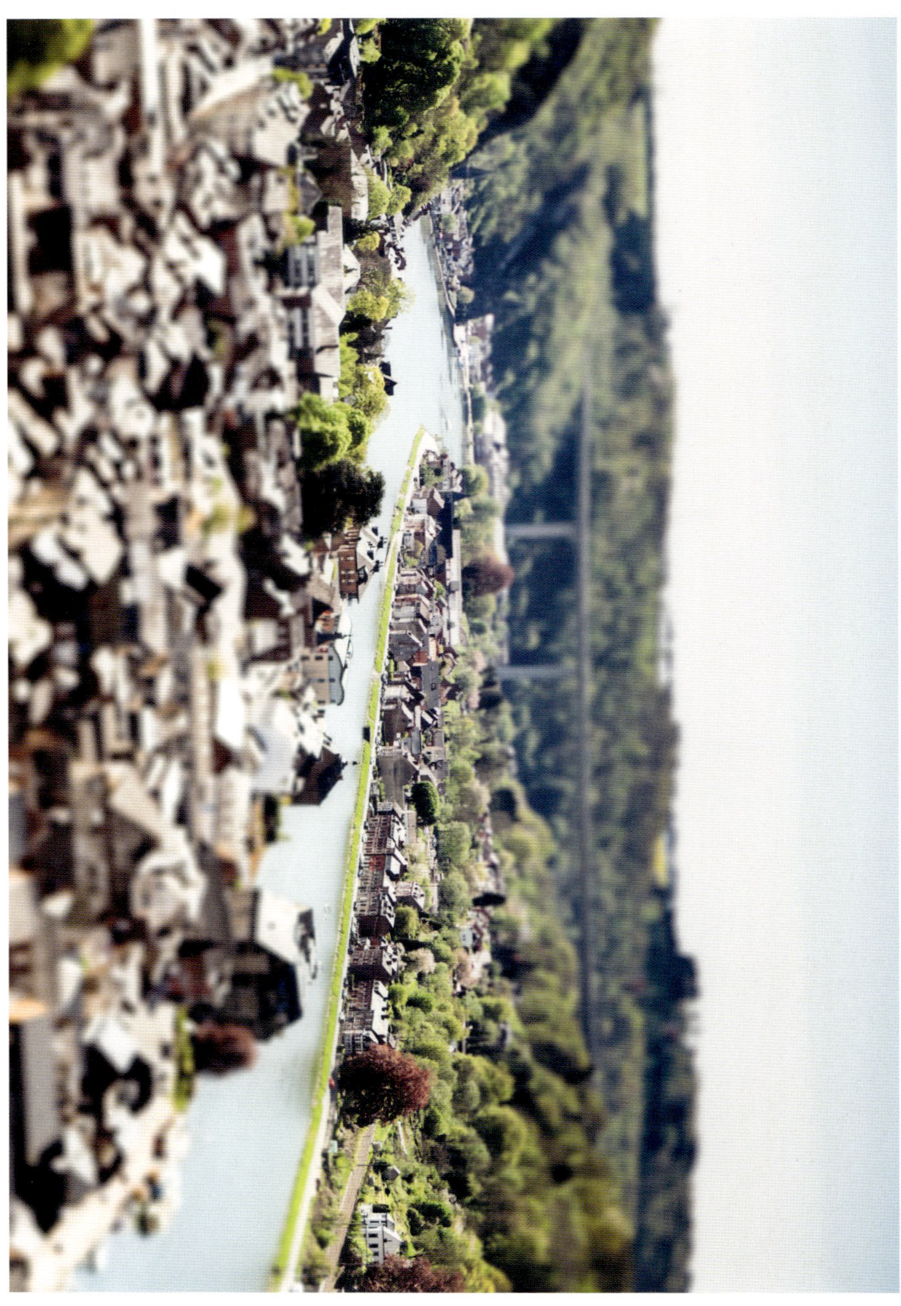

La Meuse, Dinant

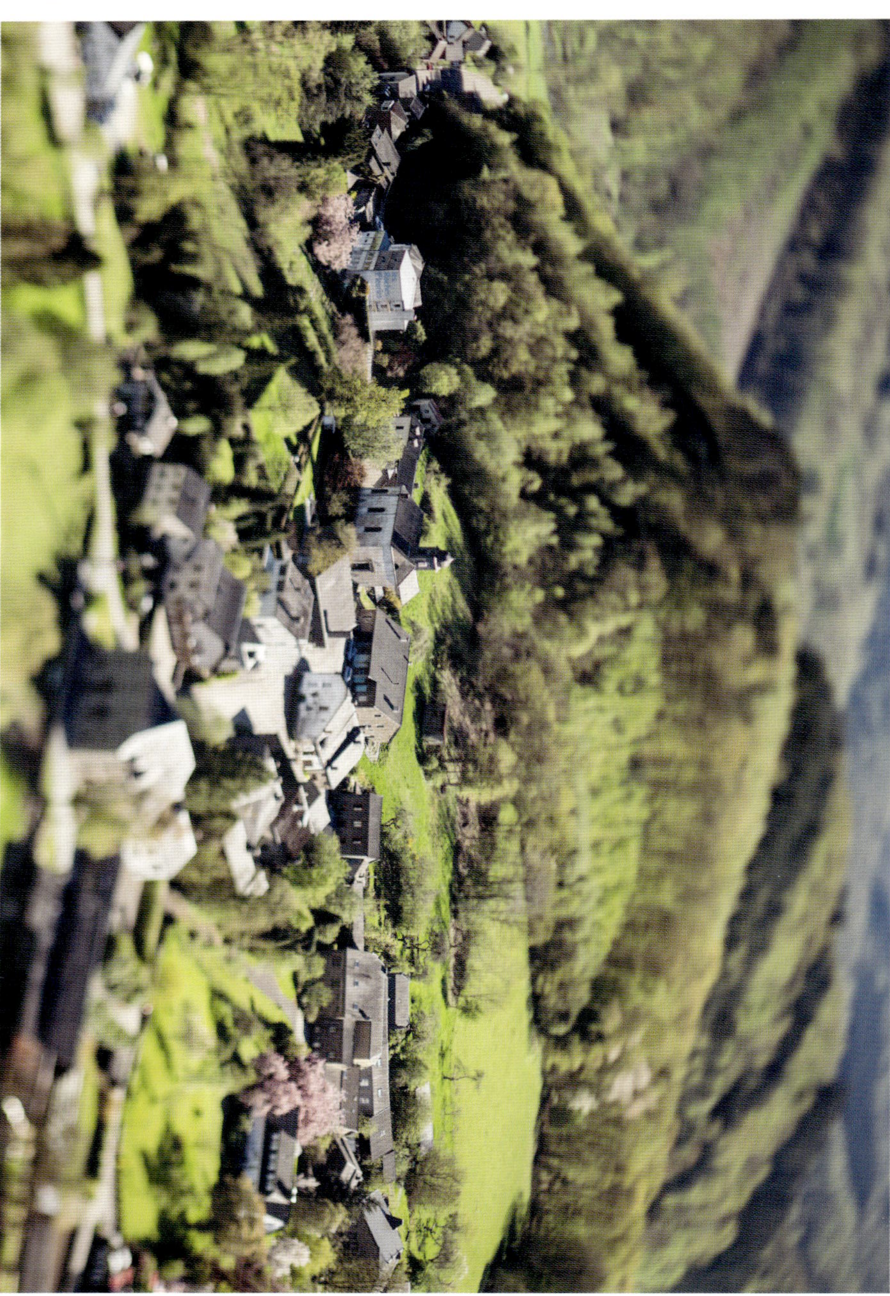

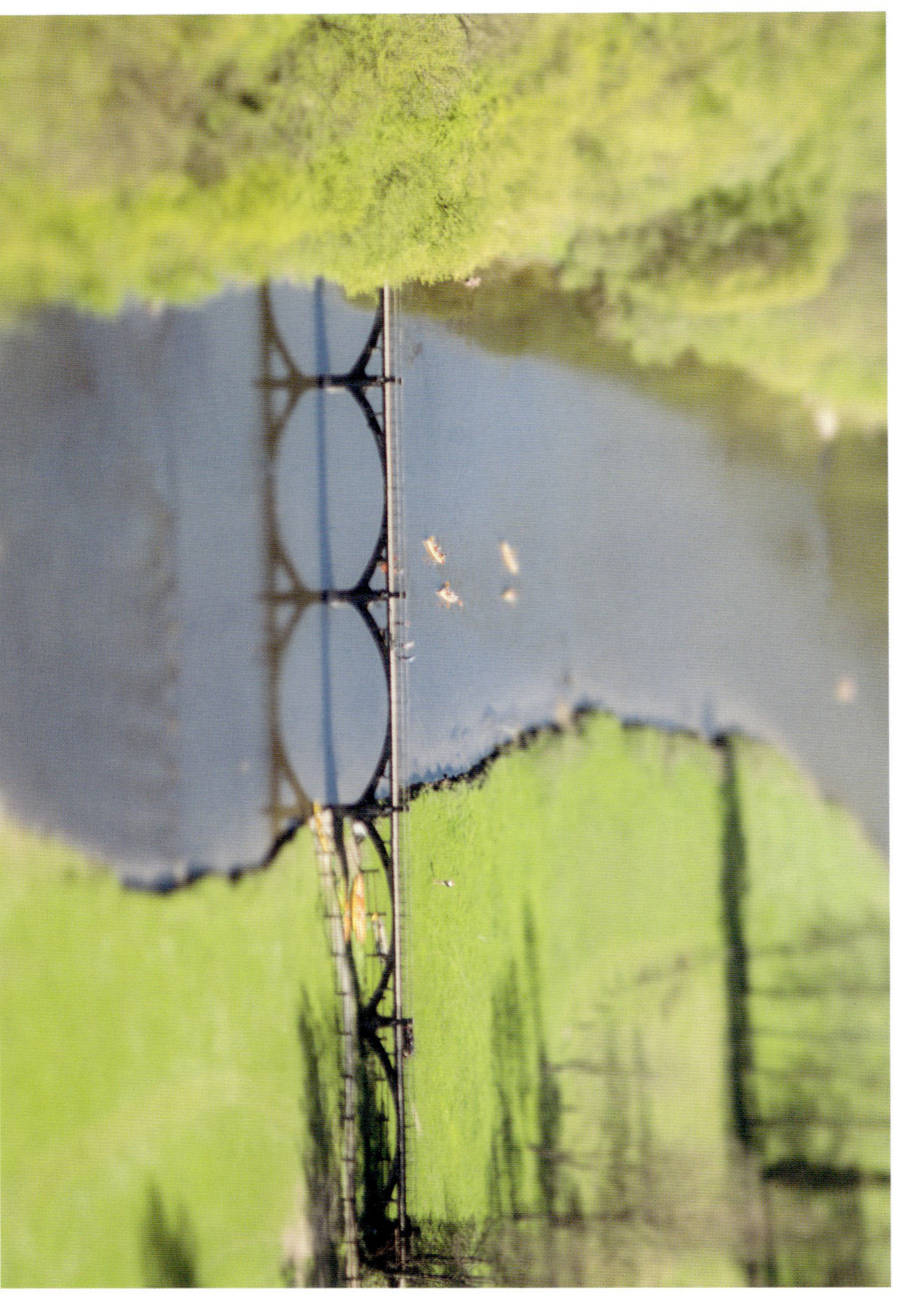

Semois, Frahan

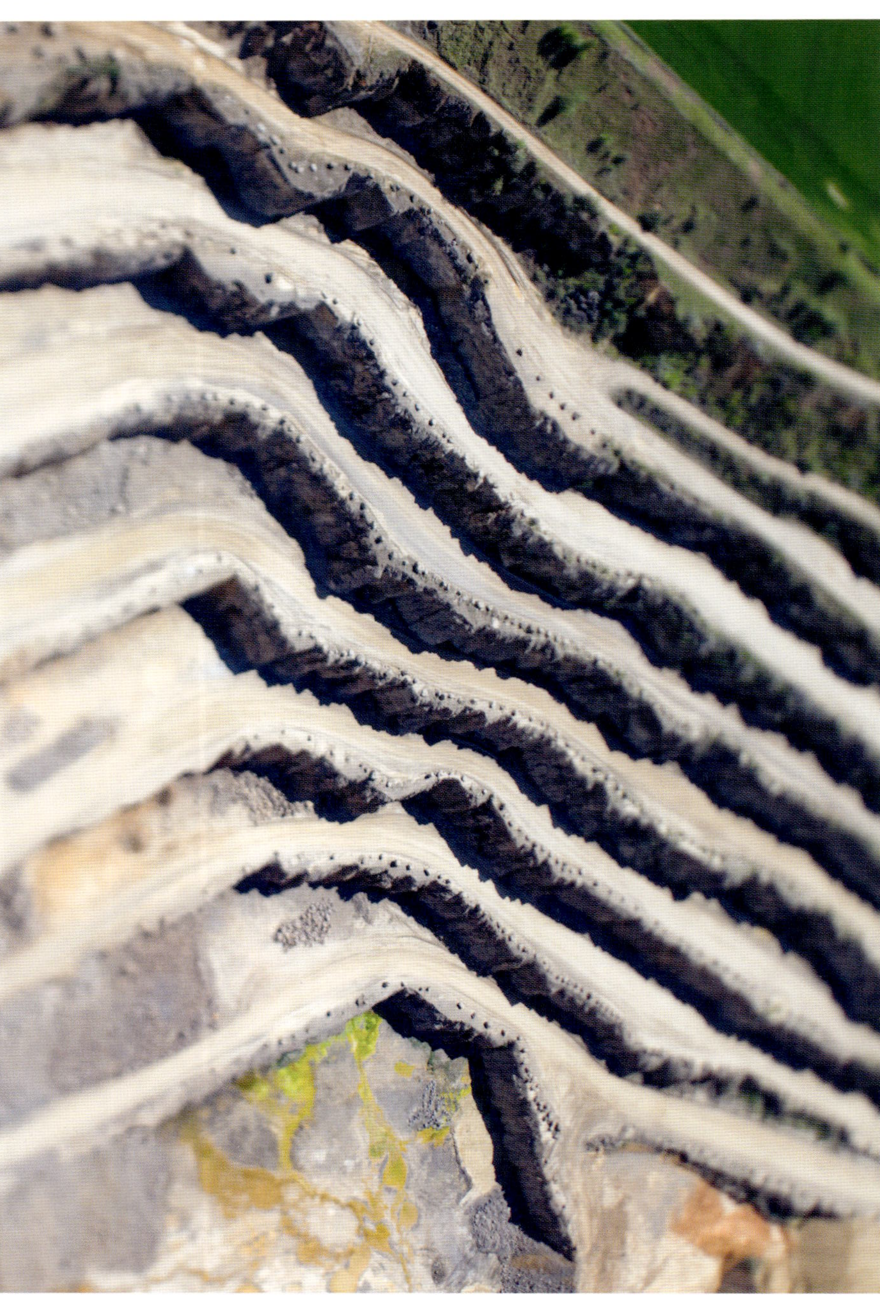

Baraque de Fraiture, Vielsalm

'k Heb getwijfeld over België
Omdat iedereen daar lacht
'k Heb getwijfeld over België
Want dat taaltje is zo zacht

België, Het Goede Doel

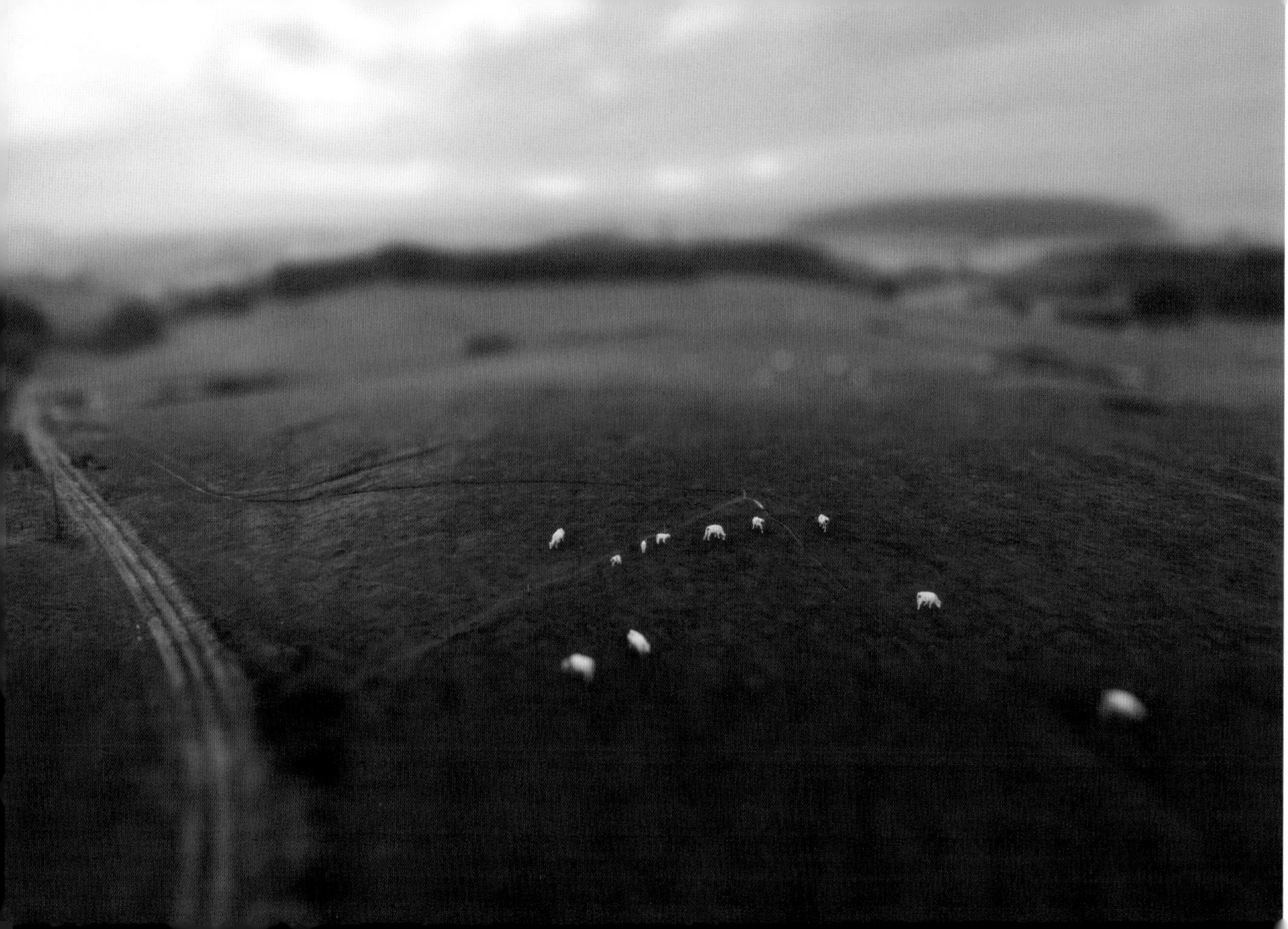

Virton, Luxembourg

Mickael Karkousse

singer in the group Goose
zanger Goose
chanteur de Goose

OSTEND

UK 'We'll always have Ostend.' This is how inspirer and record cover designer Storm Thorgerson dedicated one of his books to my little daughter during his expo in Fort Napoleon. And he's right. I, too, have received an endless supply of fond memories from the beautiful Queen of Seaside Resorts. I need only think of the carnivals. They were epic and extremely rock-'n-roll back in those days. The hours I spent as a little kid, standing dressed up in my grandmother's costume-shop window, are simply impossible to count. They may also very well be the origin of what I do today: entertaining people.

Ostend is swinging. The city is in a state of change and is enjoying its second breath. New beaches, experimental architecture that reaches out deep into the sea, beautiful exhibitions, and an extensive cultural programme. Ostend has everything it needs to give a new generation beautiful memories. Ostend, you rule.

NL 'We'll always have Ostend.' Dat schreef inspirator en platenhoesontwerper Storm Thorgerson voor mijn kleine dochter in een van zijn boeken die hij tijdens zijn expo in Fort Napoleon voor haar signeerde. En dat is ook zo. Die mooie Koningin der Badsteden heeft mij ook onuitputtelijk veel warme herinneringen geschonken. Ik denk alleen al aan de carnavals. Die waren toen episch en extreem rock-'n-roll. De uren die ik als kleine gast, verkleed in de etalage van mijn grootouders' verkleedwinkel heb gestaan, zijn ontelbaar. En vormen wellicht ook de bakermat van wat ik vandaag doe: mensen entertainen.

Oostende is *swinging*. De stad is in verandering en geniet van zijn tweede adem. Nieuwe stranden, experimentele architectuur tot diep in de zee, mooie tentoonstellingen en een uitgebreid cultureel programma. Oostende heeft alles in huis om een nieuwe generatie mooie herinneringen te schenken. *Ostend you rule.*

FR « We'll always have Ostend. » C'est ce qu'a écrit l'inspirateur et créateur de pochettes de disques Storm Thorgerson pour ma fille lorsqu'il dédicaçait l'un de ses livres lors de son exposition à Fort Napoléon. Et c'est bien vrai. Ostende, Reine des cités balnéaires, m'a également laissé un nombre incalculable de souvenirs chaleureux. Ne fût-ce que les carnavals. Ils étaient à l'époque épiques et extrêmement rock'n-roll. Petit, j'ai passé d'innombrables heures déguisé, dans l'étalage du magasin de cotillons de mes grands-parents. Des heures qui ont sans doute été déterminantes pour ce que je fais aujourd'hui : divertir les gens.

Ostende évolue. La ville est en mutation et entame une nouvelle vie. Nouvelles plages, architecture expérimentale jusque loin dans la mer, belles expositions et un large programme culturel. Ostende a tout ce qu'il faut pour engendrer une nouvelle génération de bons souvenirs. *Ostend you rule.*

DAVE SINARDET

professor of Political Science
and columnist
professor politieke wetenschappen
en columnist
professeur de sciences politiques
et chroniqueur

ANTWERP TOWER , ANTWERP

UK In 2004 the Antwerp Cathedral and Boerentoren declared their love for each other, as immortalised by then city poet Tom Lanoye in his *Tale of Two Towers*. Meanwhile, Antwerp's third tower just stood there orphaned, deprived of all attention and affection.

The Antwerp Tower had grown used to it by then, though. In 1974, when it rose on the spot where the Grand Hotel Weber had flaunted its Belle Époque lustre, the tower was hailed by the press as the jewel of the Keyserlei. New York on the Scheldt! But its 6,000 m² of bronze glass quickly became a painful symbol of the reckless demolish-and-build craze that had ravaged Belgium's cities in the sixties and seventies. From golden showpiece to orange city cancer.

However, that which always scared and repelled from a distance may actually enchant from up close, as I discovered. Especially from the fourth-floor summer terrace, revealing new views of and on the city.

ANTWERP TOWER, ANTWERPEN

NL In 2004 verklaarden de Boerentoren en de Kathedraal elkaar de liefde, zoals vereeuwigd in de *Tale of Two Towers* van toenmalig stadsdichter Tom Lanoye. Intussen stond Antwerpens derde hoogste toren er verweesd bij. Van alle aandacht en affectie verstoken.

Dat was de Antwerp Tower onderhand gewoon. Toen hij oprees in 1974, op de plek waar het Grand Hotel Weber haar Belle Epoque luister had geëtaleerd, prees de pers hem nog als het sierstuk van de De Keyserlei. New York aan de Schelde! Maar al snel werden zijn 6000 m² gebronzeerd glas een pijnlijk symbool van de onbesuisde sloop- en nieuwbouwwoede die 's lands steden had geteisterd in de sixties en seventies. Van gouden sierstuk tot oranje stadskanker.

Wat vanop afstand altijd heeft afgeschrikt en afgestoten kan bij nadere kennismaking toch bekoren, zo ervoer ik. Vooral vanop het zomerterras van de vierde verdieping openbaarde hij nieuwe uitzichten en inzichten, op en in de stad.

ANTWERP TOWER, ANVERS

FR En 2004, la cathédrale d'Anvers et la Boerentoren se sont déclaré leur amour, comme Tom Lanoye, poète de la ville à l'époque, l'a immortalisé dans son *Tale of Two Towers*. La troisième plus haute tour d'Anvers, pendant ce temps, était seule dans son coin, dépourvu d'attention et d'affection.

L'Antwerp Tower avait pris l'habitude. Lors de son érection en 1974, à l'emplacement où le grand hôtel Weber avait étalé son lustre Belle Époque, la presse la décrivait pourtant comme le fleuron de la Keyserlei. New York sur Escaut ! Mais il n'a pas fallu longtemps avant que ses 6000 m² de verre bronzé ne deviennent un symbole douloureux de la furie de démolition et de reconstruction qui avait touché le pays dans les années 1960 et 1970. Le joyau d'or s'est changé en cancer urbain orange.

Ce qui vu de loin effraie et rebute peut charmer quand on fait plus ample connaissance. Depuis la terrasse du quatrième étage, elle a dévoilé de nouvelles vues sur la ville, dans tous les senses du terme.

Lize Spit

writer
schrijfster
écrivain

PLACE DU JEU DE BALLE, BRUSSELS

UK In the early hours of the morning, tens of market vendors unload their delivery vans. Hundreds of people shuffle past the boxes, kneel down here and there in front of stuff, haggle over prices. There's nothing you can't find at this flea market. Test tubes, metal biscuit boxes, speculums, discarded chandeliers and lampshades that have outlived their owners.

Some vendors have specialized in cleaning out unoccupied houses and sell the contents without even bothering to separate worthless junk from merchandise. Herb jars with handwritten labels, family pictures, children's drawings, felted woollen slippers, metal jars with expired stock cubes, full jewelry cases – this flea market gives you the impression that some lives can be summed up in a few boxes, it lets you peer into other people's patiently constructed habits and memories. Food for the imagination, of course. Still, every time I go there I hope my home will never end up like this, sitting in a cardboard crate in the middle of Brussels with locals and tourists haggling over it.

VOSSENPLEIN, BRUSSEL

NL In de vroege ochtend laden tientallen marktkramers hun bestelwagens uit. Honderden mensen schuifelen langs de dozen, knielen hier en daar voor de spulletjes, dingen af op de prijzen. Er is niets dat je niet kunt vinden op deze vlooienmarkt. Proefbuizen, koekblikken, eendenbekken, afgedankte kroonluchters en lampenkappen die hun eigenaars overleefd hebben.

Sommige marktkramers specialiseerden zich in het opruimen van leegstaande huizen, verkopen hele inboedels en doen zelf geen moeite de echte rotzooi van de koopwaar te scheiden. Kruidenpotjes met handgeschreven labels, familiefoto's, kindertekeningen, samengeklitte wollen pantoffels, blikken met vervallen bouillonblokjes, volle juwelenkistjes – op deze vlooienmarkt lijkt het wel of sommige levens samengevat worden in enkele dozen, je kunt binnengluren in andermans geduldig geconstrueerde gewoontes en herinneringen. Het voedt de verbeelding, natuurlijk. Al hoop ik telkens toch dat mijn huishouden nooit zo zal eindigen, later, in een kartonnen bak, te midden van Brusselaars en toeristen die erop afdingen.

PLACE DU JEU DE BALLE, BRUXELLES

FR Au petit matin, des dizaines de brocanteurs déchargent leur camion. Des centaines de gens défilent entre les caisses, s'agenouillent çà et là devant les objets, discutent les prix. Il n'y a rien que l'on ne puisse trouver sur ce marché aux puces. Éprouvettes, boîtes à biscuits, spéculums, lustres et abat-jour relégués qui ont survécu à leurs propriétaires…

Certains marchands se sont spécialisés dans le « vide-grenier ». Ils vendent tout en vrac, sans se donner la peine de trier ce qui est valable de ce qui ne l'est pas. Pots à épices avec étiquettes écrites à la main, photos de famille, dessins d'enfants, pantoufles en laine entremêlées, boîtes contenant des cubes de bouillon périmés, coffrets à bijoux remplis – sur ce marché, on dirait que certaines vies se résument à quelques cartons et que l'on peut s'introduire dans les habitudes et les souvenirs patiemment tissés par d'autres. Cela nourrit l'imagination, bien entendu. Mais j'espère tout de même que mon ménage ne finira pas ainsi, dans une caisse, au milieu des Bruxellois et des touristes occupés à marchander.

Wim Vandekeybus

choreographer
choreograaf
chorégraphe

PLACE DU JEU DE BALLE, BRUSSELS

UK I very much love the place du Jeu de balle flea market in Brussels. There's something uniquely timeless about this place in the Marollen district. Supposedly worthless things get a new life. You often find very personal stories there. Nothing has a fixed price. An object's value is determined by the look in your eyes when you address the vendor. Everything exudes history and is waiting for a new future around another body or on another wall. The place du Jeu de balle is the Nieuwstraat's counterpart.

VOSSENPLEIN, BRUSSEL

NL Ik houd heel veel van de vlooienmarkt op het Vossenplein in Brussel. Het tijdloze van deze plek in de Marollen is uniek. Zogenaamd waardeloze spullen krijgen een nieuw leven. Vaak vind je er zeer persoonlijke verhalen. Niets heeft een vaste prijs. De waarde van de voorwerpen wordt bepaald door de blik in je ogen bij het aanspreken van de marchand. Alles ademt er geschiedenis en wacht op een nieuwe toekomst rond een ander lichaam of aan een andere muur. Het Vossenplein is de tegenpool van de Nieuwstraat.

PLACE DU JEU DE BALLE, BRUXELLES

FR J'aime beaucoup le marché aux puces de la place du Jeu de balle à Bruxelles. L'atmosphère intemporelle de ce coin des Marolles est unique. Des objets soi-disant sans valeur y trouvent une nouvelle vie. Souvent, on y découvre des souvenirs très personnels. Rien n'a de prix fixe. La valeur des objets, c'est l'expression de votre regard pendant que vous discutez avec le marchand qui la détermine. Tout a un passé et attend un nouvel avenir autour d'un autre corps ou à un autre mur. La place du Jeu de balle est l'exact opposé de la rue Neuve.

Philippe Van Parijs

economist and philosopher
econoom en filosoof
economiste et philosophe

PLACE DE LA BOURSE, BRUSSELS

UK Place de la Bourse? Stock Exchange Square? No, People of Brussels Square. A reconquered square, wrought from the clutches of the automobile. A square that is again a square; a square where one can breathe, stroll, play, talk without having to shout. A square for locals to gather, to celebrate and to meditate, to laugh and to cry, to have picnics and protests. A place that can, no, that must help to build and ceaselessly rebuild this irreversibly multi-coloured collection of people into something one must dare call The People of Brussels.

BEURSPLEIN, BRUSSEL

NL Het Beursplein? Neen, het Plein van het Brusselse Volk. Het plein dat herwonnen is, veroverd op Koning Auto. Het plein is weer een plaats geworden, een plaats om te ademen, te flaneren, te spelen en te communiceren zonder te moeten schreeuwen. Een plaats waar de Brusselaars samenkomen, om te vieren en elkaar te troosten, om te lachen en te huilen, om te picknicken en te protesteren. Een plein dat kan, ja dat moet helpen die absoluut bonte verzameling mensen die we het Brusselse Volk moeten durven noemen telkens weer op te bouwen en te herenigen.

PLACE DE LA BOURSE, BRUXELLES

FR Place de la Bourse ? Non, Place du Peuple de Bruxelles. Place reconquise, arrachée à la dictature automobile. Place redevenue place, où l'on peut respirer, flâner, jouer, se parler sans devoir crier. Place où les Bruxellois peuvent s'assembler, pour se réjouir et pour se recueillir, pour rire et pour pleurer, pour pique-niquer et protester. Place qui peut, qui doit aider à faire, et à refaire sans cesse, de cette population irréversiblement bigarrée ce qu'on doit oser appeler le Peuple de Bruxelles.

Lionel Jadot

interior architect
interieurarchitect
designer d'interieur

LAW COURTS, BRUSSELS

UK I've been fascinated by the Law Courts of Brussels (Palace of Justice) my whole life. It's a building that is bigger than Saint Peter's in Rome and it brings together a whole bunch of architectural influences. A kind of atlas of architecture. As a student at the Royal Academy of Fine Arts I would spend hours there, drawing the mouldings and the columns, and I would discover something new every single time.

There's also something unique about this spot, something timeless. It used to be that you could wander through the courtrooms on your own, roam the many hallways, and stroll past the numerous terraces. The building's got this atmosphere about it, something nostalgic, majestic, even a tad mysterious. It almost looks like a giant spaceship come from another planet, stranded here because it ran out of fuel...

JUSTITIEPALEIS, BRUSSEL

NL Al mijn leven lang ben ik gefascineerd door het Brusselse Justitiepaleis, een gebouw dat groter is dan de Sint-Pietersbasiliek in Rome en waar een hoop architecturale invloeden samenkomen. Een soort atlas van de architectuur. Toen ik student was aan de academie voor Schone Kunsten bracht ik er uren door met het kopiëren van de sierlijsten en de zuilen, en telkens weer ontdekte ik wel iets nieuws.

Deze plek heeft ook iets unieks, iets tijdloos. Vroeger kon je in je eentje rondwandelen in de rechtszalen en dwalen door de vele gangen en over de talrijke terrassen. Er gaat een nostalgische sfeer uit van het gebouw, majestueus en zelfs een tikje geheimzinnig. Het lijkt bijna een gigantisch ruimteschip, afkomstig van een andere planeet, dat op de aarde is gestrand omdat het zonder brandstof is gevallen…

PALAIS DE JUSTICE, BRUXELLES

FR Le palais de justice de Bruxelles m'a toujours fasciné. Ce lieu plus grand que la basilique Saint-Pierre de Rome est un véritable concentré d'influences et de styles. Un atlas de l'architecture. Quand j'étais étudiant aux beaux-arts, j'y passais des heures à dessiner les moulures, les colonnes et je découvrais à chaque fois de nouveaux éléments.

Le lieu a aussi quelque chose d'unique, de hors du temps. À l'époque, on pouvait se promener seul dans les salles d'audience, se perdre dans le dédale des couloirs et des terrasses. Il s'en dégage une atmosphère à la fois surannée et majestueuse, mystérieuse même. On dirait un immense vaisseau venu d'une autre planète, bloqué sur la terre en attente de carburant …

Rik Torfs

dean Catholic University Leuven
rector KU Leuven
recteur KU Leuven

NOTRE-DAME DE BON-SECOURS CHAPEL, ZÉTRUD-LUMAY

UK My favourite place is the small chapel of Notre-Dame de Bon-Secours in Zétrud-Lumay, Walloon Brabant, right on the border with Outgaarden, Flemish Brabant. It dates from the 18th century. It looks like a mini cathedral and sits coquettishly in the fertile Brabant soil. It is always open, night and day. And when the door is only just slightly ajar, you can see the candles burning from afar, bathing the chapel in a remarkable light. The building lives in harmony with the seasons. At the end of May, when the wheat is ripening and the long spring evenings see the landscape almost roll into the chapel, it looks wonderful. The chapel crosses the linguistic divide. It has ex-votos in both Dutch and French. Maybe this is the last remaining piece of Belgium, one that doesn't need any typically Belgian words or expressions.

KAPELLETJE NOTRE-DAME DE BON-SECOURS, ZÉTRUD-LUMAY

NL Mijn favoriete plek is het kapelletje Notre-Dame de Bon-Secours in Zétrud-Lumay, Waals-Brabant, vlak aan de grens met Outgaarden in Vlaams-Brabant. Het dateert uit de 18de eeuw. Het ziet eruit als een minikathedraaltje en staat koket in de vruchtbare Brabantse grond. Het is altijd open, dag en nacht. En als de deur maar op een kiertje staat, zie je van ver de kaarsen die de kapel in een merkwaardig licht hullen. Het gebouw leeft mee met de seizoenen. Eind mei, wanneer het koren rijpt en het landschap op lange lenteavonden bijna naar binnen rolt, is het prachtig. De kapel overschrijdt de taalgrens. Er hangen ex voto's in het Nederlands en in het Frans. Misschien is dit het laatste stukje België, zonder dat daar enig belgicisme voor nodig is.

CHAPELLE NOTRE-DAME DE BON SECOURS, ZÉTRUD-LUMAY

FR Mon lieu favori est la chapelle Notre-Dame de Bon Secours à Zétrud-Lumay, dans le Brabant wallon. Elle date du XVIIIe siècle et ressemble à une cathédrale miniature, coquettement installée sur cette terre fertile. Elle est toujours ouverte, nuit et jour. Et lorsque la porte bâille, on aperçoit de loin des bougies qui l'emplissent d'une lumière prenante. L'édifice vit avec les saisons. Fin mai, quand le blé mûrit et que le paysage s'engouffre presque à l'intérieur pendant les longues soirées de printemps, le tableau est magnifique. La chapelle ignore la frontière linguistique. On y trouve des ex-voto en français et en néerlandais. Peut-être est-ce le dernier bout de Belgique véritable, qui n'a pas besoin pour vivre de déclarations belgicaines.

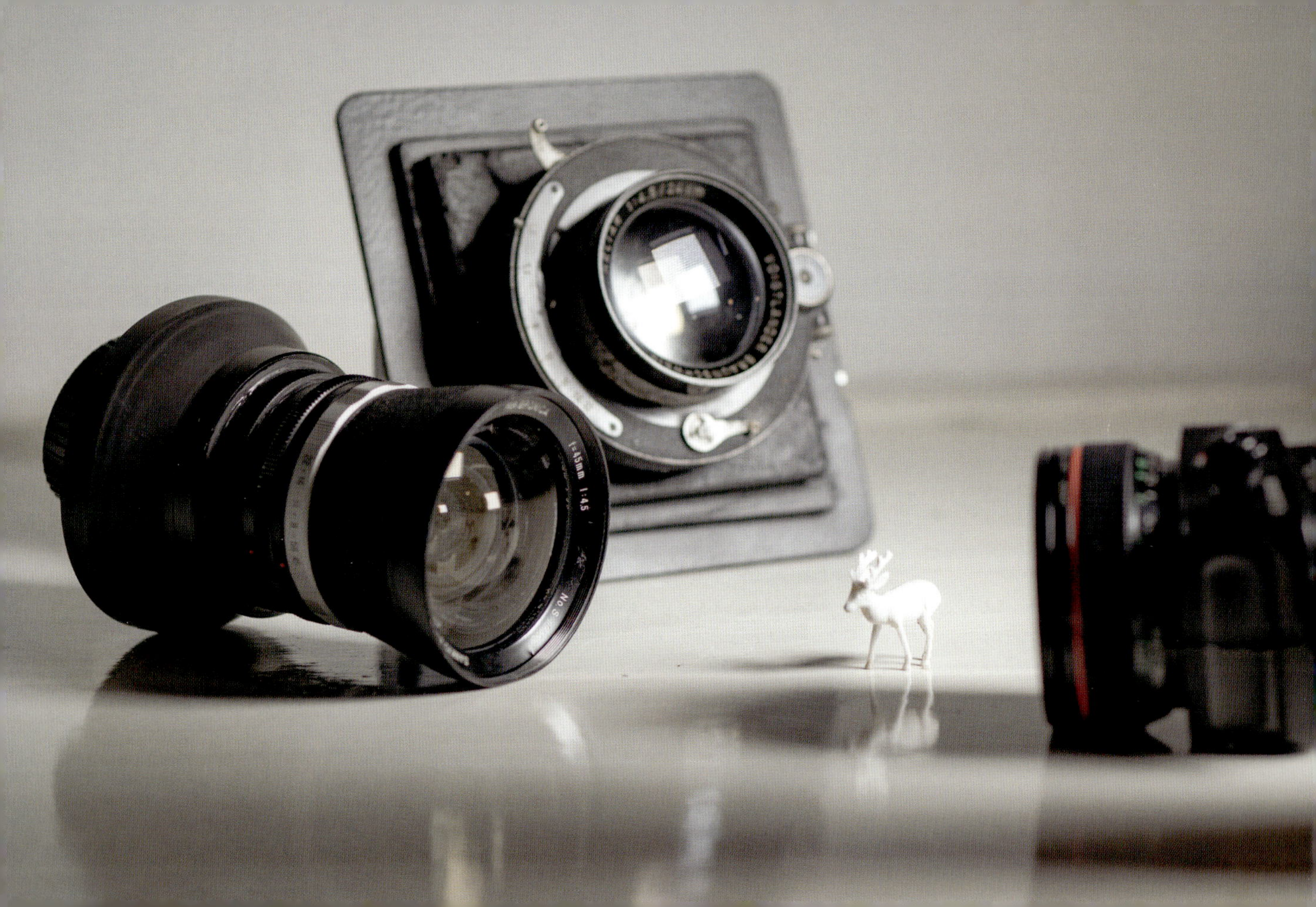
1:4,5

How does Tilt-Shift work?

UK Unconsciously, our mind interprets Tilt- Shift photos as images of something very small. Whether or not a photo looks miniature is up to each individual. The sharpness in Tilt-Shift photos looks very much like macro-photography or photos of a small object. For example, if you photograph only a detail of the lens, then only a small part of the image is really sharp—both the top and the bottom parts of the image stay blurred.

Tilt-Shift mimics this effect and that is possible in two ways. You either use specific Tilt-Shift lenses or you photograph using a regular lens and afterwards you process the images digitally —nowadays, many smartphones also have a Tilt-Shift function.

In this book, only a few photos were taken with a normal lens and then processed digitally with Tilt-Shift; most of the photos were shot with Tilt-Shift lenses and only one was even made using large-format analogue camera.

The biggest challenge in this book was to find the right resources for photographing at heights. This bird's eye view is essential for obtaining the miniature effect. From rooftops, cranes, high-risers, airplanes or helicopters, I photographed all these places. My wholehearted gratitude also to all the people who assisted me way up there to photograph the country.

JASPER LÉONARD

Hoe werkt Tilt-Shift?

NL Onze hersenen interpreteren Tilt-Shiftfoto's onbewust als beelden van iets zeer klein. Of een foto miniatuur oogt of niet is voor iedereen zelf te bepalen. De scherpte in Tilt-Shiftbeelden lijkt heel erg op macrofotografie of foto's van een klein onderwerp. Als je bijvoorbeeld een foto maakt van een detail van een lens, is slechts een klein deel van de foto echt scherp – zowel de boven- als de onderkant van het beeld blijven wazig.

Bij Tilt-Shift wordt dit effect nagebootst. Dat kan op twee manieren. Ofwel gebruik je specifieke Tilt-Shiftlenzen ofwel fotografeer je met een gewone lens en bewerk je daarna de beelden digitaal – ook veel smartphones hebben tegenwoordig een Tilt-Shiftfunctie. In dit boek zijn enkele beelden getrokken met een normale lens en digitaal 'Tilt-Shift bewerkt'. De meeste beelden werden met Tilt-Shiftlenzen getrokken, en één enkel beeld werd zelfs met een 'large format' analoge camera gemaakt.

De grootste uitdaging aan dit boek was om de juiste middelen te vinden om vanuit de hoogte te fotograferen. Dit vogelperspectief is nodig om het miniatuureffect te verkrijgen. Vanaf daken, kranen, vanuit hoge gebouwen, vliegtuigen of helikopters,... bracht ik alle plaatsen in beeld. Van harte bedankt dan ook aan alle mensen die me de hoogte in hielpen om het land te fotograferen.

JASPER LÉONARD

Comment fonctionne le Tilt-Shift ?

FR Inconsciemment, notre cerveau interprète les photos Tilt-Shift comme des représentations d'un objet très petit. Le fait qu'une photo semble ou non miniature dépend de chaque individu. La précision des photos Tilt-Shift évoque fortement celle d'une macrophotographie, c'est-à-dire d'une photo d'un sujet de petite taille. Si vous prenez par exemple une photo d'un détail d'une lentille, seule une petite partie de la photo est vraiment nette – le haut et le bas de l'image restent flous.

Le Tilt-Shift imite cet effet. Deux méthodes sont possibles. Soit on utilise des lentilles Tilt-Shift spécifiques, soit on photographie avec un objectif ordinaire et l'on retravaille ensuite l'image de manière numérique – de nos jours, beaucoup de smartphones sont également équipés d'une fonction Tilt-Shift. Dans ce livre, quelques photos ont été prises avec un lentille normale et retravaillées numériquement. La plupart ont été prises avec des Tilt-Shift et une a même été réalisée avec un boîtier analogique « grand format ».

Le principal défi de ce travail à consisté à trouver les moyens de photographier d'en haut. Cette prise d'altitude est indispensable pour obtenir l'effet maquette. Depuis les toits, les grues, de hauts bâtiments, des avions ou des hélicoptères… tout était bon. Un grand merci à tous ceux qui m'ont aidé à photographier le pays depuis les hauteurs.

JASPER LÉONARD

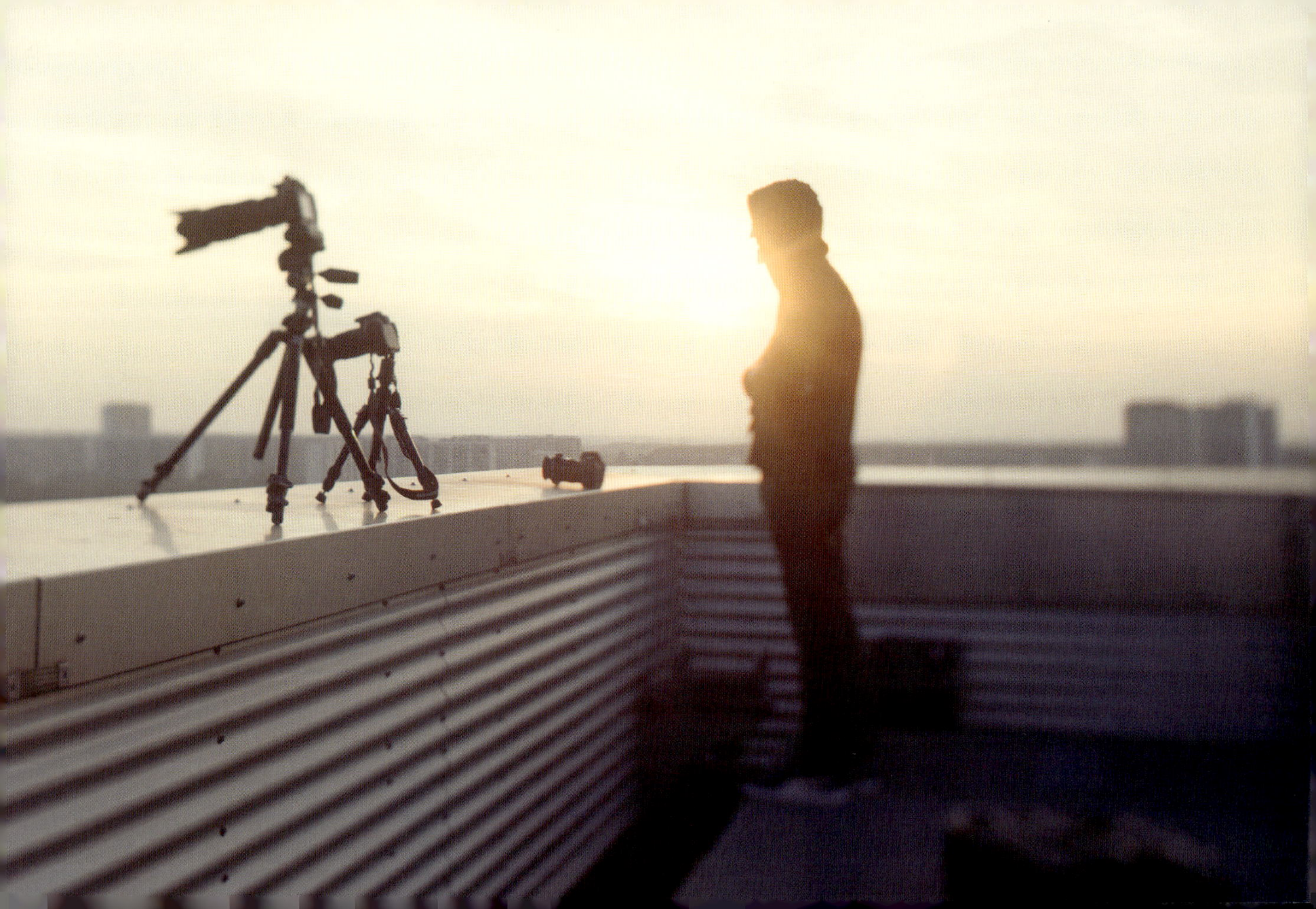

←

UK Without a bird's eye perspective, taking photos with Tilt-Shift lenses is ineffective, as you can see in this photo.

NL Zonder vogelperspectief heeft het nemen van foto's met Tilt-Shiftlenzen geen effect, zoals je ziet in dit beeld.

FR Comme on le voit à ce cliché, sans perspective aérienne, les photos prises avec des lentilles Tilt-Shift sont ordinaires.

www.jasperleonard.be
www.lannoo.com
Register on our website to regularly receive our newsletter with new publications as well as exclusive offers. If you have observations or questions, please contact our editorial office: redactiestijl@lannoo.com.

Texts: Lionel Jadot, Mickael Karkousse, Dave Sinardet, Lize Spit, Rik Torfs, Philippe Van Parijs, Wim Vandekeybus & Jasper Léonard
Photography: Jasper Léonard
Editing: Katrien Hardeman
Translation: Katrien Meuleman (FR-NL), Anne-Laure Vignaux (NL-FR) & Xavier De Jonge (NL-UK)
Book design & typesetting: Jelle Maréchal

D/2016/45/89 – NUR 652/653
ISBN: 978 94 014 3461 4